TEGEL
BERG

Natur, Kultur
und Freizeit
erleben

Branderschrofen

Naturpfad
Ahornreitweg

Königsrunde
am Tegelberg

Klettersteige

Bleckenau

Kulturpfad
Schutzengelweg

Tegelbergbahn Schwangau

äuling

Pilgerschrofen

GEOgrenzGänger

Alpsee

Hohenschwangau

Schwanseepark

Schwansee

Alterschrofen

Inhaltsverzeichnis

Die Tegelbergbahn – eine Herausforderung

Jährlich befördert die Tegelbergbahn annähernd 200 000 Menschen auf den Tegelberg. Sie erfreuen sich an einer großartigen, wilden Alpenlandschaft und an der Harmonie einer Kulturlandschaft, die reich an Besonderheiten ist. Die einmalige Lage, die besonderen Naturschönheiten, die vielfältigen Sport- und Wandermöglichkeiten und die kulturellen Glanzlichter machen den Tegelberg zu einem besonderen Berg. Der großen Verantwortung, die uns daraus erwächst, versuchen wir seit dem Bau der Bahn 1967 mit Augenmaß und Weitblick gerecht zu werden.

Als Geschäftsführer der Tegelbergbahn verstehe ich mich als Partner der Kommunen, der Wirtschaftstreibenden, unserer Gäste und der einheimischen Bevölkerung. Aus diesem Grunde übernimmt die Bahn Verantwortung, nicht nur für die eigenen Belange, sondern trägt auch den Anforderungen und den Wünschen der Gesellschaft Rechnung.

Diesem hohen Anspruch gerecht zu werden, ist eine tägliche Herausforderung. Der Titel des Buches „Tegelberg – Natur, Kultur und Freizeit erleben" ist unser Programm. Wir wollen einen Beitrag leisten, damit unsere Besucher Landschaft nicht nur als Kulisse erleben, sondern auch die „inneren Werte" der Gegend um den Tegelberg kennenlernen.

Franz Bucher
Geschäftsführer der Tegelbergbahn GmbH & Co. KG

Die Berge

Nichts ist ewig

Alles ist in Bewegung

Das Meer und die Berge

Der Tegelberg – ein stummer Zeitzeuge

Der älteste Schwangauer,
gefunden im Schwanseepark: „Gyrolepsis schwangauensis",
ein Stör-Verwandter mit schwarzglänzenden Schmelzschuppen.
Er lebte vor rund 240 Millionen Jahren in einem flachen tropischen Meer.

Das Werden der Landschaft

Das Werden der Landschaft

Das Georama am Tegelberg

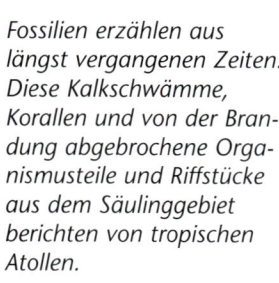

Fossilien erzählen aus längst vergangenen Zeiten. Diese Kalkschwämme, Korallen und von der Brandung abgebrochene Organismusteile und Riffstücke aus dem Säulinggebiet berichten von tropischen Atollen.

Der Blick vom Tegelberg vermittelt einen Eindruck von der Entstehung und den Veränderungen dieser Landschaft. Das Füssener Land wird geprägt vom Hochgebirge und vom Alpenvorland. Einzelne Landschaftselemente, wie etwa das Aussehen und der Verlauf der Berge, die Form der Täler oder das weite Vorland mit den Hügeln, Seen und Flüssen sind klar zu erkennen. In einem kleinen Ausflug in die erdgeschichtliche Vergangenheit soll die Landschaft gedanklich in Einzelteile zerlegt und dadurch das Werden der verschiedenen Landschaftselemente in den Grundstrukturen deutlich werden.

Das geologische Werden

Der Bau der Erdkruste und die Tektonik bestimmen die Grundstruktur dieser Landschaft. Seit Beginn des Erdmittelalters vor rund 240 Millionen Jahren bildeten sich hier vier tektonische Einheiten, die heute im Füssener Land aneinandergeschoben sind: **Kalkalpin, Flysch, Helvetikum und Molasse.** Während rund 200 Millionen Jahren entstanden diese

tektonischen Einheiten in ehemals weit voneinander entfernten Gebieten.

Vor rund 100 Millionen Jahren begann die Gebirgsbildung. Durch den Druck der afrikanischen auf die eurasische Platte (Plattentektonik) sind die unterschiedlichen tektonischen Einheiten in unmittelbare Nachbarschaft gelangt. Sie rückten nicht nur in nordsüdlicher Richtung zusammen, sondern ihre Gesteinsfolgen wurden in Form von unterschiedlichen Decken und Schuppen übereinandergestapelt. Dies macht diese Region zu einem der geologisch kompliziertesten Gebiete der Erde.

Das Georama (siehe Abbildung) an der Bergstation der Tegelbergbahn und an der Königsrunde hilft bei der Rekonstruktion. Im Norden liegt die jüngste tektonische Einheit, die durch die Gebirgsbildung gefaltete Molasse. Die Molasseberge (z.B. der Senkelezug und der Illasberg) begleiten

Ein königlicher Blick: Die Vielfalt und der Reiz dieser vor Ihnen liegenden Landschaft werden seit Jahrtausenden gerühmt. Die Römer wussten die Lage zu Füssen der Berge zu schätzen, Kaiser und Fürstbischöfe verweilten hier, und auch die bayerische Königsfamilie mit König Ludwig, genoss diesen Blick.

Kalkalpin

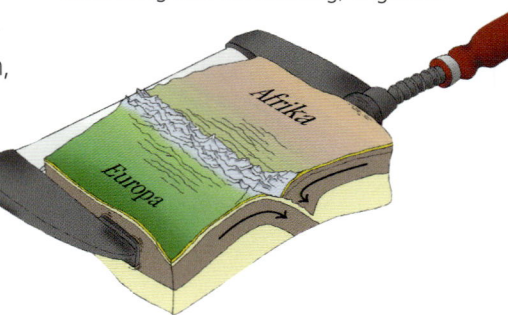

Wir hoffen, dass Sie mit offenen Augen, Ohren und Herz diese eindrucksvolle Gebirgslandschaft mit dem spektakulären, abrupten Übergang ins flache Alpenvorland genießen. Vielfalt und Reiz dieser außergewöhnlichen Landschaft wurden vor allem von den inneren und äußeren Kräften der Erde geprägt. Der Bau der Erdkruste und die Tektonik bestimmen die Grundstruktur des Füssener Landes; gleichsam veredelt wurde sie von den Eiszeiten und dem fließenden Wasser – von Lechgletscher und Lech.

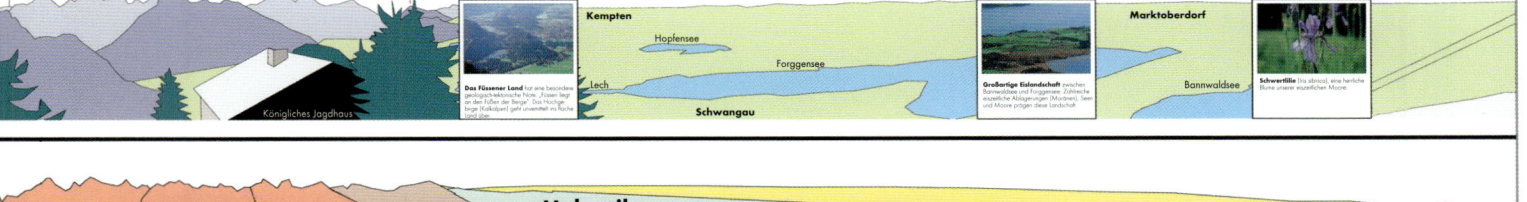

Kalkalpin   Helvetikum   Molasse   Flysch

Die inneren Kräfte als Baumeister
Die Hohenschwangauer Berge und ihr Vorland bestehen aus mehreren geologischen Einheiten, die heute im Füssener Land aneinandergeschoben sind: **Kalkalpin, Flysch, Helvetikum** und **Molasse**. Seit rund 240 Millionen Jahren entstanden diese Einheiten durch unterschiedliche Bedingungen in ehemals weit voneinander entfernten Gebieten. Durch gewaltige großräumige Verschiebungen (Plattentektonik) wurden sie gestaucht und übereinandergeschoben.

Ein am Nordrand der Alpen einmaliger Anblick: Das Hochgebirge (Kalkalpin) geht unvermittelt ins flache Land über. „Füssen liegt an den Füßen der Berge".

die Alpen und setzen sich im Westen bis in die Schweiz und nach Osten bis nach Wien fort. Daran schließen sich das Helvetikum (z.B. Schlossruine Freyberg-Eisenberg) und der Flysch (z.B. Galgenbichel, Eh- und Frauenberg in Schwangau) an. Die älteste und das eigentliche Hochgebirge bildende tektonische Einheit ist das Kalkalpin (z.B. Tegelbergmassiv, Säuling).

Die Tatsache, dass das Helvetikum und der Flysch weitgehend in den Untergrund abtauchen, beschert dem Füssener Land eine besondere Note: das Hochgebirge geht abrupt in flaches Land über. Der Blick vom Tegelberg ist spektakulär: im Norden das Alpenvorland und im Süden das Hochgebirge.

MOLASSE	HELVETIKUM	FLYSCH	KALKALPIN

N   S

MOLASSE HELVETIKUM FLYSCH KALKALPIN ←

Die tektonischen Einheiten im Füssener Land vor (oben) und nach (unten) der Einengung (vereinfachte schematische Darstellung nach H. Scholz, 2016)

Eiszeit

Der Gletscher

Ein kalter Eispanzer überzog das Land

Alles ist in Bewegung

Der Gletscher pflügt das Land, scheuert,

poliert und modelliert

Der Tegelberg – ein stummer Zeitzeuge

Das Eiszeitalter

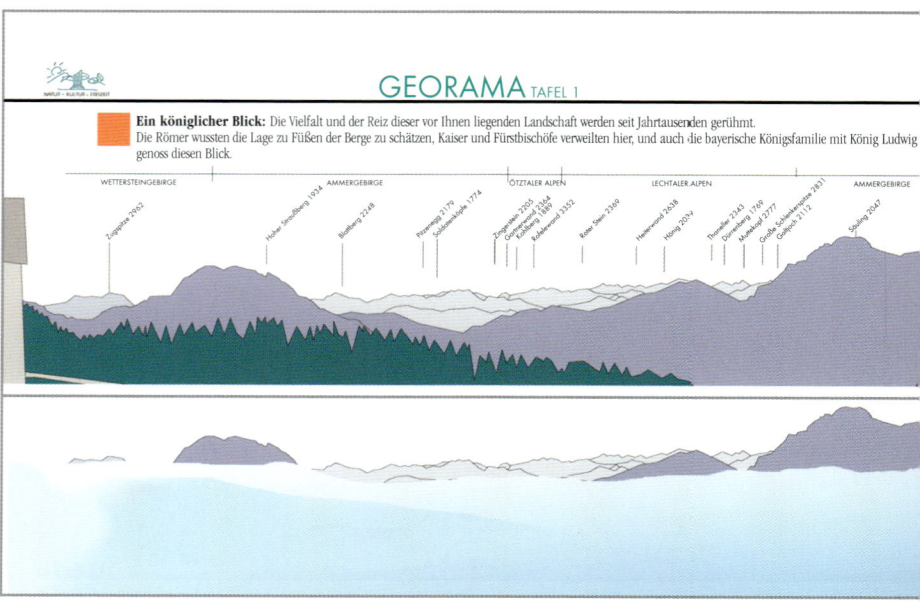

Ein königlicher Blick: Die Vielfalt und der Reiz dieser vor Ihnen liegenden Landschaft werden seit Jahrtausenden gerühmt. Die Römer wussten die Lage zu Füßen der Berge zu schätzen, Kaiser und Fürstbischöfe verweilten hier, und auch die bayerische Königsfamilie mit König Ludwig genoss diesen Blick.

Blick vom Kienberg über den Schwanseepark auf Tegelberg, Straußberg und Säuling. Deutlich ist das Trogtal der Blecken-au zu erkennen. An den Berghängen des Säulings sind Schliffspuren des Lechgletschers abzulesen. Mindestens 600 m mächtig war das Eis im Füssener Land.

Geologie und Tektonik bestimmen die Grundstruktur der Landschaft, aber den letzten Schliff bekam das Füssener Land von den Eiszeiten und vom fließenden Wasser – vom Lechgletscher sowie vom Lech.

Vor rund 2,5 Millionen Jahren begann mit den Eiszeiten auch im Füssener Land ein neuer erdgeschichtlicher Abschnitt, das Quartär. Mindestens sechs Eiszeiten gestalteten entscheidend diese Landschaft. Das Georama führt uns die Verhältnisse der letzten Eiszeit, der Würmeiszeit, vor Augen. Ein großes Eisstromnetz überzog den Alpenkörper. Zur Zeit der größten Ausdehnung vor rund 20 000 bis 30 000 Jahren ragten nur die höheren Gipfel (Säuling, Tegelberg-Massiv und andere) über das Eisniveau hinaus. Wahrscheinlich lag das heutige Schwangau unter dem mindestens 600 m mächtigen Eispanzer des Lechgletschers.

Daneben existierten über dem allgemeinen Gletscherniveau noch zahlreiche, kleinere lokale Gletscher. An der Nordseite des Tegelberges, direkt rechts unterhalb der Startrampe der Drachenflieger, ist ein typisches Kar eines solchen kleinen Gletschers mit dem bezeichnenden Flurnamen „Grüble".

In der Füssener Bucht überwand der Lechgletscher den Querriegel des Falkensteinzuges. Der riesige Lechvorlandgletscher erstreckte sich zwischen Pfronten und Steingaden. Das Ende des Gletschers lag nördlich von Kaufbeuren und Schongau. Das alpine Eisstromnetz war in Bewegung. Das Gletschereis schrammte Gesteinsbrocken aus dem Felsuntergrund, es schob den Gesteinsschutt, feinstgemahlenes Gesteinsmehl mit gerundeten, geschrammten Gesteinen (gekritztes Geschiebe) nach Norden und lagerte diesen in Form von Moränen ab. Der Lechgletscher schuf diese einzigartige Eiszeitlandschaft.

Zwergbirke (betula nana), ein seltenes Eiszeitrelikt in unseren Mooren

Wir hoffen, dass Sie mit offenen Augen, Ohren und Herz diese eindrucksvolle Gebirgslandschaft mit dem spektakulären, abrupten Übergang ins flache Alpenvorland genießen. Vielfalt und Reiz dieser außergewöhnlichen Landschaft wurden vor allem von den inneren und äußeren Kräften der Erde geprägt. Der Bau der Erdkruste und die Tektonik bestimmen die Grundstruktur des Füssener Landes; gleichsam veredelt wurde sie von den Eiszeiten und dem fließenden Wasser – von Lechgletscher und Lech.

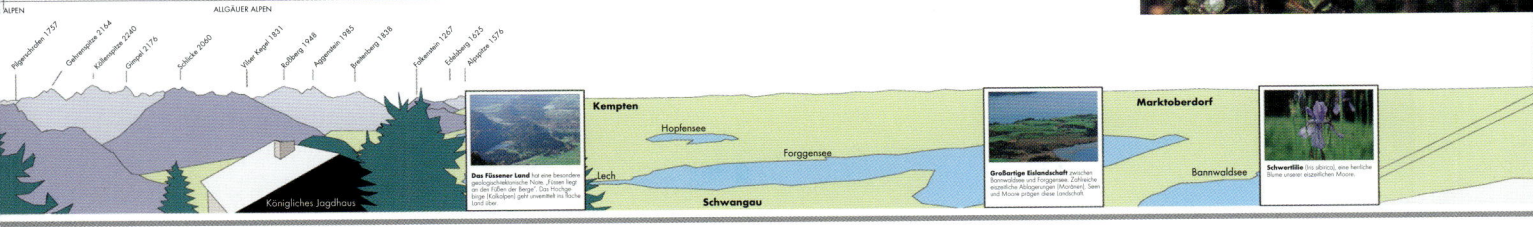

Die äußeren Kräfte als Designer
Vor rund 2,4 Millionen Jahren begann mit einer deutlichen Abkühlung ein neuer erdgeschichtlicher Zeitraum; das Quartiär. Mehrere länger andauernde Eiszeiten konnten in den Alpen bisher nachgewiesen werden (z.B. Günz-, Mindel-, Riß- und Würmeiszeit). Vor allem die Auswirkungen der letzten beiden Eiszeiten haben diese Landschaft geprägt. Die rundgeschliffenen Bergrücken, Moränen, Rundhöcker, Drumlins, Seen und Moore schuf der gewaltige Lechgletscher. Viele Eiszeitrelikte sind in der Tier- und Pflanzenwelt noch lebendig.

Charakteristische Oberflächenformen entstanden. Oberhalb des Lechfalls hobelte er ein breites Trogtal aus. Vom Tegelberg lässt sich dieses Trogtal als heutiges Vilstal bis Pfronten besonders schön verfolgen. Aber auch in den Seitentälern modellierten die Gletscher die Berge. Blickt man zum Säuling, sind die gerundeten Bergflanken des Trogtales der Bleckenau gut zu erkennen.

Der Untergrund wurde abgeschliffen und poliert. Die runden Bergformen des Falkensteinzuges, der Hornburg, des Jagdberges oder etwa des Rundhöckers, auf dem Schloss Bullachberg steht, zeugen von der Kraft des Lechgletschers.

Nördlich von Füssen schuf der Lechgletscher ein großes Stammbecken. Hier finden wir vielfältige Aufschüttungs- und Abtragungsformen: In dieser kuppigen Grundmoränenlandschaft finden sich besondere Moränen, die Drumlins.

Das Allgäu in der Würmeiszeit vor rund 20 000 Jahren: Überhöhtes Profil vom Tegelberg bis zu den Endmoränen des Lechgletschers nördlich von Kaufbeuren. Der Tegelberg war eisfrei (Nunatakker).

13

Diese schildförmigen Hügel markieren die Bewegungsrichtung des Gletschereises und verleihen der Landschaft zwischen Forggen- und Bannwaldsee einen besonderen Reiz. Zwischen den Grundmoränen und Drumlins bildeten sich Moore und Toteislöcher. An den Hängen entwickelten sich eigenwillige Buckelwiesen, die heute bei extensiver landwirtschaftlicher Bewirtschaftung mit botanisch wertvollen Magerrasen bedeckt sind. Die Elemente dieser Gletscherlandschaft mit Terrassenkanten, Drumlins, Findlingen, Toteislöchern, Hangquellmooren und Gletscherseen präsentiert modellhaft das Naturschutzgebiet „Bannwaldsee".

Gegen Ende der Eiszeit vor 10 000 Jahren schmolz der Lechgletscher endgültig zurück. In der Füssener Bucht bildete sich ein großer See, der Füssener See. Eine neue Entwicklung wurde eingeleitet (siehe Füssener See, Wildflusslandschaft Lech, Forggensee).

Das Georama, zahlreiche interessante Tafeln auf dem Kulturpfad „Schutzengelweg", dem Naturpfad „Ahornreitweg" und auf der „Königsrunde" und schließlich die Berge selbst bieten weitere interessante Informationen über das Werden der Landschaft.

Die Gletscher kleiner Seitentäler wurden vom großen Lechgletscher blockiert und dadurch Eintiefungen deutlich abgeschwächt. Sie liegen als sogenannte Hängetäler über dem Haupttal. Schloss Neuschwanstein thront am Ausgang des Hängetales der Bellat. Die Eismassen haben diesen herrlichen Platz vorbereitet. Erst nach der Eiszeit schuf die Bellat die Schlucht mit den eindrucksvollen Wasserfällen.

Eiszeitrelikt: Silberwurz (Dryas octopedala)

Die vergletscherten Regionen Südostgrönlands lassen die Verhältnisse während der letzten Eiszeit im Füssener Land erahnen. Nur die höchsten Berggipfel waren eisfrei (Nunatakker). Die Gletscher der einzelnen Täler waren zu einem großen Eisstromnetz verbunden. Sie schliffen die Bergrücken und modellierten die Moränenlandschaft des Alpenvorlandes. Das Ende des Lechgletschers lag bei Kaufbeuren und Schongau.

Der Lechgletscher modellierte einzigartige Oberflächenformen. Er schliff beispielsweise den Bullachberg zu einem stromlinienförmigen Rundhöcker.

...Spiegelbilder

Die Landschaft

Die Geschichte aus der Landschaft lesen.

Eiszeitliche Jäger nutzten die besondere

Gunst dieser Gegend.

Später entstanden Siedlungen.

Städte, Dörfer, Burgen und Schlösser wurden

Spiegelbilder ihrer Zeit.

Die Bellatschlucht: ein spektakulärer Zu-gang in das Naturschutzgebiet „Ammer-gebirge"

Der Tegelberg
– das Tor zum Naturschutzgebiet „Ammergebirge"

Schon 1926 wurde das Ammergebirge zum ersten Mal als Naturschutzgebiet aus-gewiesen. Beim Inkrafttreten des Reichs-naturschutzgesetzes 1935 versäumte man jedoch die Fortschreibung dieses Erlasses. Bereits 1952 plante die Regierung von Schwaben, einen Großteil des Ammerge-birges unter Schutz zu stellen, aber erst 1961 verfolgte die Naturschutzbehörde beim Landratsamt Füssen mit Nachdruck diesen Plan. Durch Landesverordnung vom 16. August 1963 wurde dann endgültig ein Naturschutzgebiet „Ammergauer Ber-ge" in den Landkreisen Füssen und Gar-misch-Partenkirchen festgelegt. Mit einer Fläche von 28 850 ha ist es das größte Naturschutzgebiet Bayerns. Das Natur-schutzgebiet „Ammergebirge" hat eine herausragende Bedeutung. Dies wird in Paragraph 3 der Naturschutzverordnung deutlich:

Zweck des Naturschutzgebietes:

1. einen Gebirgsstock der nördlichen Kalkalpen und eine für das bayerische Alpengebiet charakteristische Gebirgs-landschaft mit ihren typischen Pflan-zen- und Tiergesellschaften zu sichern.

2. die Vielfalt an Pflanzen und Tieren zu erhalten, insbesondere seltenen, emp-findlichen und gefährdeten Arten die notwendigen Lebensbedingungen zu gewährleisten sowie Störungen von ihnen fernzuhalten.

3. die Entwicklung der naturnahen Vege-tation einschließlich der natürlichen Verjüngung naturnaher Waldbestände zu sichern.

4. die naturbedingten Veränderungen der Oberflächengestalt (Geomorphologie) dieser Gebirgslandschaft unbeeinflusst zu lassen.

(Verordnung des Bayerischen Staatsminis-teriums für Landesentwicklung und Um-weltfragen über das Naturschutzgebiet „Ammergebirge" vom 19. Juni 1986)

Der Blick vom Tegelberg ins Ammergebirge und ins Alpenvorland kann nur einen kleinen Eindruck von der Vielfalt vermitteln. Hier verzahnt sich auf engstem Raum die kleinstrukturierte, abwechslungsreiche Voralpenlandschaft mit den Lebensräumen des Hochgebirges. Zahlreiche geologische, floristische, faunistische und kulturelle Kostbarkeiten überraschen und erfreuen den, der mit Herz und Verstand wandert. Der Kulturpfad „Schutzengelweg", der Naturpfad „Ahornreitweg" und dieses Buch möchten Anregungen bieten.

Wunderschöne Bergmischwälder vermitteln einen Eindruck von der Entwicklung der Vegetation seit der Eiszeit.

Auch der Auerhahn findet im Ammergebirge noch einen ungestörten Lebensraum.

Der Blick vom Tegelberg

▶ ## Der Füssener See

Wildflusslandschaft Lech
Der Forggensee
Der Schwanseepark
Naturschutzgebiet Bannwaldsee

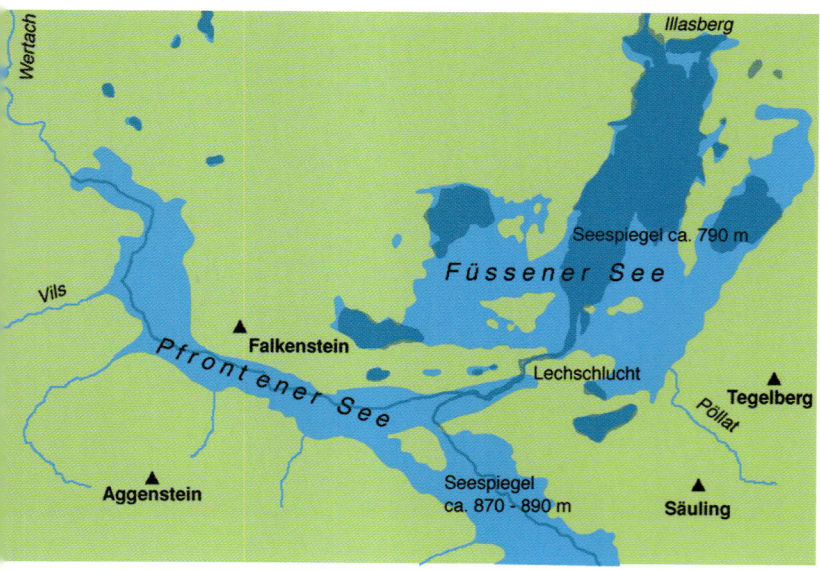

Blick auf die Füssener Bucht: Zwei große Seen bildeten sich am Ende der Eiszeit (Karte oben). Durch den Pfrontener See hat sich der Lauf des Lech verändert. Wo verlief der „Urlech"? Eine Frage, die heute intensiv verfolgt wird.

Wie glänzende Augen in der Eiszeitlandschaft leuchten die Seen des Füssener Landes. Sie haben eine interessante Vergangenheit.

Gegen Ende der letzten Eiszeit, vor ca. 10 000 Jahren, wich der Lechgletscher endgültig zurück. Der Querriegel des Falkensteinzuges und die Molasserippe des Illasberges stauten die Schmelzwässer. Zwei Seen bildeten sich: der **Pfrontener** und der **Füssener See.**

Nicht allein der Lechgletscher und seine Schmelzwässer hobelten das Stammbecken aus. Auch die geologischen Strukturen des Untergrundes schufen die Voraussetzungen für diesen großen späteiszeitlichen Füssener See.

Noch bis 6000 Jahre vor Christus bestand der See. Direkt an seinen Ufern schlugen die steinzeitlichen Jäger ihre Jagdlager auf. Erst später befreite der Lech sich vom Korsett der Seen. Er durchbrach in Füssen die Wettersteinkalkbarriere in einer eindrucksvollen Schlucht und in Roßhaupten die Molasserippe des Illasberges. Bis zum Aufstau des Forggensees im Jahre 1954 war

Der Blick vom Tegelberg fällt auf die Füssener Seen und das Alpenvorland. Landschaften verändern sich, die Beschreibung von den vier markanten Elementen vermittelt einen Einblick in den Wandel dieser Landschaft.

Die Füssener Seen haben eine interessante Vergangenheit.

die Illasbergschlucht die einzige größere Voralpenschlucht von außergewöhnlicher Schönheit. Weißen-, Hopfen-, Bannwald- und Schwansee sind die Überreste dieses Füssener Sees.

Wildflusslandschaft Lech

Die Wildflusslandschaft des Lech in der Füssener Bucht ist durch den Aufstau des Forggensees weitestgehend verschwunden. Aber große Teile dieser eiszeitlichen Landschaft sind noch vorhanden. Hier schlägt das Herz dieser einmaligen, weltbekannten Erholungslandschaft.

Die Deutsche Tamariske (Myricaria germanica) ist ein typischer Vertreter an alpinen Wildflüssen.

Der Flussregenpfeifer (Charadrius dubius) brütet auf unbewachsenen Kies- und Sandbänken.

Der Lech durchbrach bei Füssen die Wettersteinbarriere in einer eindrucksvollen Schlucht.

Vom großen, wilden Lech, der ehemals bis zur Donau den Lauf der Dinge bestimmte, ist nur noch ein kleiner ursprünglicher Rest vorhanden: der Lech oberhalb von Füssen und im Tiroler Lechtal.

Der Forggensee

Über die wechselvolle Geschichte des Lech und über die kurze Geschichte des Forggensees berichtet die Informationstafel „Der Forggensee – Museum und Wirklichkeit". Sie wurde in den Schwangauer Ortsteilen Brunnen und Waltenhofen direkt am See aufgestellt.

DER FORGGENSEE

– Museum und Wirklichkeit –

WILDFLUSSLANDSCHAFT LECH

Das Landschaftsbild in der Füssener Bucht war einst geprägt von der Wildflusslandschaft des Lech. Der wilde Lech veränderte immer wieder sein Flussbett, verzweigte sich, benötigte große Überschwemmungsgebiete und schuf eine einzigartige Auenlandschaft.

Nach der Eiszeit diente der Lech als Wanderstrecke für Tiere und Pflanzen. Gerade zwischen Horn, Waltenhofen und Osterreinen befand sich ein außergewöhnlich schöner Teil der Wildflusslandschaft mit Hart- und Weichholzaue, mit zahlreichen Orchideen, Schmetterlingen und Vögeln. Eine abwechslungsreiche Beeren- und Knospennahrung machten die Lechauen zur ständigen Heimat der Birkwildes. Im Spätherbst wechselte das Rotwild aus dem Gebirge in die ausgedehnten Lechauen, um dort zu überwintern.

Spielhahn
Lyrurus tetrix – Viele Schwangauer schmückten Trachtenhüte mit Spielhahnfedern.

Flussregenpfeifer *Charadrius dubius*

Frauenschuh *Cypripedium calceolus*

Edelweiß *Leontopodium alpinum*

DER FORGGENSEE – EIN MUSEUM

Auf dem Grund des Sees liegen zahlreiche Dokumente einer Jahrtausende alten Besiedlung. Am Lechufer bei Horn wurde beispielsweise eine steinzeitliche Jägerstation entdeckt. Römische Gutshöfe und die Römerstraße belegen die große Bedeutung dieses Raumes. Ein Abstecher der Straße führt zu der Römersiedlung am Tegelberg. Mit dem Untergang der Weiler Forggen und Deutenhausen mit ihren Bauernhöfen, Mühlen, Ziegeleien und Wiesen fand die Entwicklung dieser Kulturlandschaft ein jähes Ende.

Steinzeitliche Jäger am Lechufer bei Horn.

Römische Schmuckstücke aus dem Forggensee, gefunden im Bereich einer römischen Villa bei Brunnen.

Die „Via Claudia Augusta" im Bereich des Forggensees.

DER FORGGENSEE – EIN STAUSEE

1954 wurde der Forggensee zum fünftgrößten See Bayerns (Länge 12 km, max. Breite 3 km) aufgestaut. Er ist der Kopfspeicher für zahlreiche Wasserkraftwerke. In den Wintermonaten wird der See abgestaut. Der Lech und die schlammbedeckte ehemalige Schwangauer Flur werden dann sichtbar. Der Forggensee präsentiert sich zum Bedauern der Touristen und der Bevölkerung erst ab 15. Juni für wenige Monate als See. Schwangau und die Anliegergemeinden fordern seit Jahren einen früheren Aufstau.

DER FORGGENSEE – EINE ERHOLUNGSLANDSCHAFT

In den Sommermonaten ist der Forggensee ein Juwel für Erholungssuchende, Badegäste, Bootsfahrer, Segler, Surfer und Fischer.

Der Weiler Forggen gab dem See seinen Namen.

„Schwangauer" „Aussiedler" Diese Deutenhausener Bauern mussten ihre Heimat verlassen.

Entwurf: Peter Nasemann, Hohenschwangau

Der Rundblick vom Tegelberg beeindruckt durch eine großartige Landschaft. Die Geschichte einer Landschaft kann man aus der Landschaft lesen. Spuren menschlicher Tätigkeiten aus allen Epochen sind im Füssener Land erkennbar. Schon eiszeitliche Jäger haben die besondere Gunst dieser Gegend genutzt. Menschliche Siedlungen entstanden. Städte, Dörfer, Einzel-höfe, Burgen und Schlösser wurden Spiegelbilder ihrer Zeit. Über Jahrhunderte wurden heimische Bodenschätze, wie etwa Eisenerz, Gips oder Farbmarmor, abgebaut und verarbeitet. Der Reichtum der Wälder wurde genutzt und die Bauern rangen dem kargen Boden ihren Lebensunterhalt ab. Diese wundervolle Landschaft zog nicht nur das bayerische Königshaus an, sondern ist auch die Grundlage für den florierenden Fremdenverkehr. Diese Kulturlandschaft entwickelte sich über Jahrtausende und veränderte sich laufend bis zum heutigen Tage. Der Titel dieses Buches „Tegelberg – Natur, Kultur und Freizeit erleben" ist Programm. Erleben, verstehen und genießen Sie mit diesem Buch die Landschaft rund um den Tegelberg.

Naturschutzgebiet Bannwaldsee

Der Bannwaldsee und seine Umgebung sind ein herausragendes Beispiel einer großartigen Gletscherlandschaft. Die Verlandungszonen mit Schilfgürtel, die angrenzenden Flach-, Übergangs- und Hochmoore, die verschiedenen Quellmoore und Quellbäche, die Fließgewässer, die Bruch- und Moorrandwälder, die trockenen und feuchten Magerrasen, die Drumlins, Grundmoränen, Findlinge und Terrassenkanten präsentieren eine Modelllandschaft mit einer unerreichten Biotopvielfalt.

Außergewöhnlich viele Schmetterlinge, wie der Hochmoorgelbling – ein Eiszeitrelikt – und zahlreiche Pflanzen, wie etwa Sumpfgladiole, Sibirische Schwertlilie, Sonnentau, verschiedene Enzianarten oder Orchideen, die in der Roten Liste als „stark gefährdet" eingestuft sind, finden hier einen gesicherten Lebensraum.

Hier war nach der Eiszeit der Tisch für die nomadisierenden Steinzeitjäger reich gedeckt. Dies beweist die Tatsache, dass in unmittelbarer Nähe des Sees der größte mittelsteinzeitliche Rast- und Jagdplatz Bayerns gefunden wurde.

Der außergewöhnlichen Bedeutung dieses Gebietes wurde am 1.4.1995 durch die Ausweisung zum Naturschutzgebiet Rechnung getragen.

Großartige Eiszeitlandschaft zwischen Bannwaldsee und Forggensee. Besonders schön zu erkennen sind die lang gestreckten Drumlins, die Moore und der Übergang vom Bannwaldsee über die Verlandungszone hin zu den botanisch wertvollen Magerrasen. Das Füssener Land war in früherer Zeit mit Mooren überzogen. Nur kleine Reste sind noch vorhanden.

Mammutzahn vom Pfefferbichl (Gemeinde Halblech). Dieser Zahn wurde 1950 beim Kohleabbau gefunden (Länge: 24 cm, Kaufläche: 8 x 16 cm, Gewicht: 5,3 kg).

Die Sibirische Schwertlilie (Iris sibirica) liebt kalkreiche und wechselfeuchte Böden. Da gerade diese Moorböden durch Entwässerung in „bessere" Kulturböden überführt werden, sind die Bestände der Sibirischen Schwertlilie überall gefährdet.

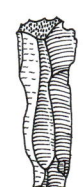      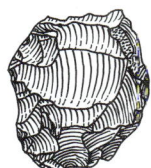

Steinwerkzeuge aus der Mittelsteinzeit, gefunden im Bereich des Bannwaldsees.

Eine ausgesprochene „Lech"-Pflanze, der Klebrige Lein (Linum viscosum). Er hat in der Bundesrepublik Deutschland sein Hauptverbreitungsgebiet an den Magerrasenterrassen im Lechtal.

➤ Der Schwanseepark
– Natur und Wirtschaft im Wandel der Zeit

Spaziergang der königlichen Familie im Schwanseepark um 1859

König Max II. ließ zwischen Schloss Hohenschwangau und dem Schwansee einen „Englischen Garten" errichten, der sich heute großer Beliebtheit erfreut.

Schloss Hohenschwangau und der Schwansee fallen dem Betrachter vom Tegelberg aus sofort ins Auge. Und in der Tat, der Schwanseepark ist eine Besonderheit.

Nach der Eiszeit entwickelten sich entlang des Lech über Jahrtausende Lebensräume von seltener Qualität, in denen der Mensch mit der Natur lebte und wirtschaftete. Der Schwanseepark ist dafür ein eindrucksvolles Beispiel. Den See umrahmen Kalkmagerrasen mit Enzianen und Mehlprimeln, Feuchtwiesen und Moore mit Knabenkräutern und Schwertlilien und ein dunkler Schluchtwald mit zahlreichen Karstquellen.

Ab 1838 ließ Kronprinz Max am Fuß von Schloss Hohenschwangau im sog. „Rohrach Filz" von renommierten Gartenbau-

Der Schwansee, ein See mit vielen Gesichtern. Die Schilfzone mit den Seerosenteppichen.

architekten einer „Englischen Garten" errichten. Rund 5000 Bäume und Sträucher wurden gepflanzt, geschwungene Wege angelegt und eine herrschaftliche Reitbahn gebaut. Der heutige rund 60 ha große Schwanseepark entstand.

Nach dem Tode von König Max II. (1864) verlor der Park seine Bedeutung für das

Rund 150 Farn- und Blütenpflanzen benutzten nach der Eiszeit die Wildflusslandschaft Lech als „Pflanzenbrücke". Prachtvolle Wiesen geben Zeugnis davon.

höfische Leben. König Ludwig II. und seine Mutter Marie hatten am Schwanseepark kein Interesse. Der Park wurde nicht mehr gepflegt. Nun standen wirtschaftliche Interessen im Vordergrund. Das königliche Kulturbauamt Kaufbeuren legte 1914 einen Plan vor, die „kulturwidrige Nässe und Versumpfung" zu beseitigen und die Parkflächen für eine forstliche und landwirtschaftliche Nutzung herzurichten. Russische Kriegsgefangene bauten 1916 zur Entwässerung des Parks einen unterirdischen Stollen zum Lech. Der Abfluss des Schwansees verschwand.

Am Rand des Schwanseeparks wurden lange Zeit wichtige Bodenschätze genutzt. Schwangauer Bürger brannten dort Kalk und nutzten mehrere Steinbrüche. Vor rund 225 Millionen Jahren wurde in einem flachen, ruhigen Meer feinkörniger Kalkschlamm abgelagert. Daraus wurde ein wertvoller Naturstein. Die leuchtenden Außenfassaden von Schloss Neuschwanstein bestehen aus „Alterschrofener Marmor" von den Steinbrüchen im Schwanseepark (weitere Informationen: Kulturpfad „Schutzengelweg" und Wanderweg „GEOgrenzGänger").

1923 übernahm der Wittelsbacher Ausgleichsfond den Schwanseepark. Seit dieser Zeit versucht man, den Charakter dieses Parks zu erhalten. Rund 35 ha bewirtschaften und pflegen Schwangauer Bauern. Wie sehr den Wittelsbachern der Park am Herzen liegt, wird durch eine Begebenheit dokumentiert, die sich 1981 zugetragen hat. Herzog Albrecht entdeckte auf einem seiner Spaziergänge im Park keine Enziane mehr. Empört fragte er: „Wo sind meine Enziane?" Als ihm erklärt wurde, dass durch die starke Düngung die Enziane verschwunden waren, verbot er sofort jegliche Düngung und erließ den Bauern den Pachtzins. Und seither erholen sich die Wiesen. Der Schwanseepark bleibt eine Besonderheit.

In diesem Park wird der Wandel einer Landschaft sichtbar, der von den gesellschaftlichen und wirtschaftlichen Verhältnissen der jeweiligen Zeit bestimmt wird.

Aus diesem Grund ist der Schwanseepark nicht nur ein besonderes Naturjuwel, sondern mit seiner Gartenbaukunst und den Steinbrüchen auch ein eindrucksvolles Kulturdenkmal.

Schwangauer Bauern pflegen den Schwanseepark. Schülerinnen und Schüler des Gymnasiums Hohenschwangau unterstützen sie bei ihrer Arbeit.

„Gyrolepsis schwangauensis", ein Stör-Verwandter mit schwarz glänzenden Schmelzschuppen. Er lebte vor rund 230 Millionen Jahren und wurde in den dunklen Mergeln der Partnachschichten im Schwanseepark abgelagert.

Der Alpsee
– eine geologische Besonderheit

Idyllisch liegt Schloss Hohenschwangau zwischen Alpsee und Schwansee. Das Gletschereis formte die Oberfläche, aber unter dieser Oberfläche **„höhlt steter Tropfen den Stein".** Regentropfen verbinden sich mit dem Kohlendioxid aus der Luft zu kohlensäurehaltigem Niederschlagswasser. Dieses versickert in Spalten und Klüften und löst Kalk aus den Kalkgesteinen (Verkarstung). Der Untergrund wird durchlöchert wie Schweizer Käse: Unterirdische Wasserläufe, Dolinen und Höhlen entstehen. Der aufmerksame Beobachter kann auch an den Oberflächenformen erkennen, was im Untergrund passiert.

Die Dolinen, dieser Erdfall und das fehlende Oberflächenwasser sind der sichtbare Beweis, dass im Untergrund kalklösendes Wasser fließt. Auch der **Alpsee** *entwässert unterirdisch. An der Nordseite dieses Berges tritt dieses Wasser in zahlreichen* **Karstquellen** *aus und speist über den „Kalten Bach" den Schwansee.*

Unter diesen Mulden (Dolinen) löst schwach-saures Wasser Kalk.

Erdfall 2006   Foto: Iris Burre

Die gleiche Stelle im Jahre 2015

Durch die Auslaugung des Kalkes entstehen im Untergrund natürliche Hohlräume und Höhlen. Die darüberliegende Oberfläche senkt sich, trichterförmige Mulden, sog. **Dolinen,** *bilden sich. Solche Dolinen können spontan einbrechen. Hier an dieser Stelle brach 2006 die Deckschicht ein und aus einer Höhle wurde ein mehrere Meter tiefer Krater, ein sogenannter* **Erdfall.** *Da er eine Gefährdung darstellte, wurde er verfüllt.*

Alpsee

Dolinen

Schwansee

Karstquellen

Schwanseepark

Dolinen

Karstquellen

Auch die Entstehung des Alpsees hängt mit der **Verkarstung** zusammen. Das Gletschereis hat zwar die Wanne geschaffen, der kalkige Seeboden wird aber ständig durch chemische Kalklösung tiefer gelegt. An bestimmten Stellen am Alpsee deutet der Geruch nach faulen Eiern auf die Lösungsvorgänge hin.

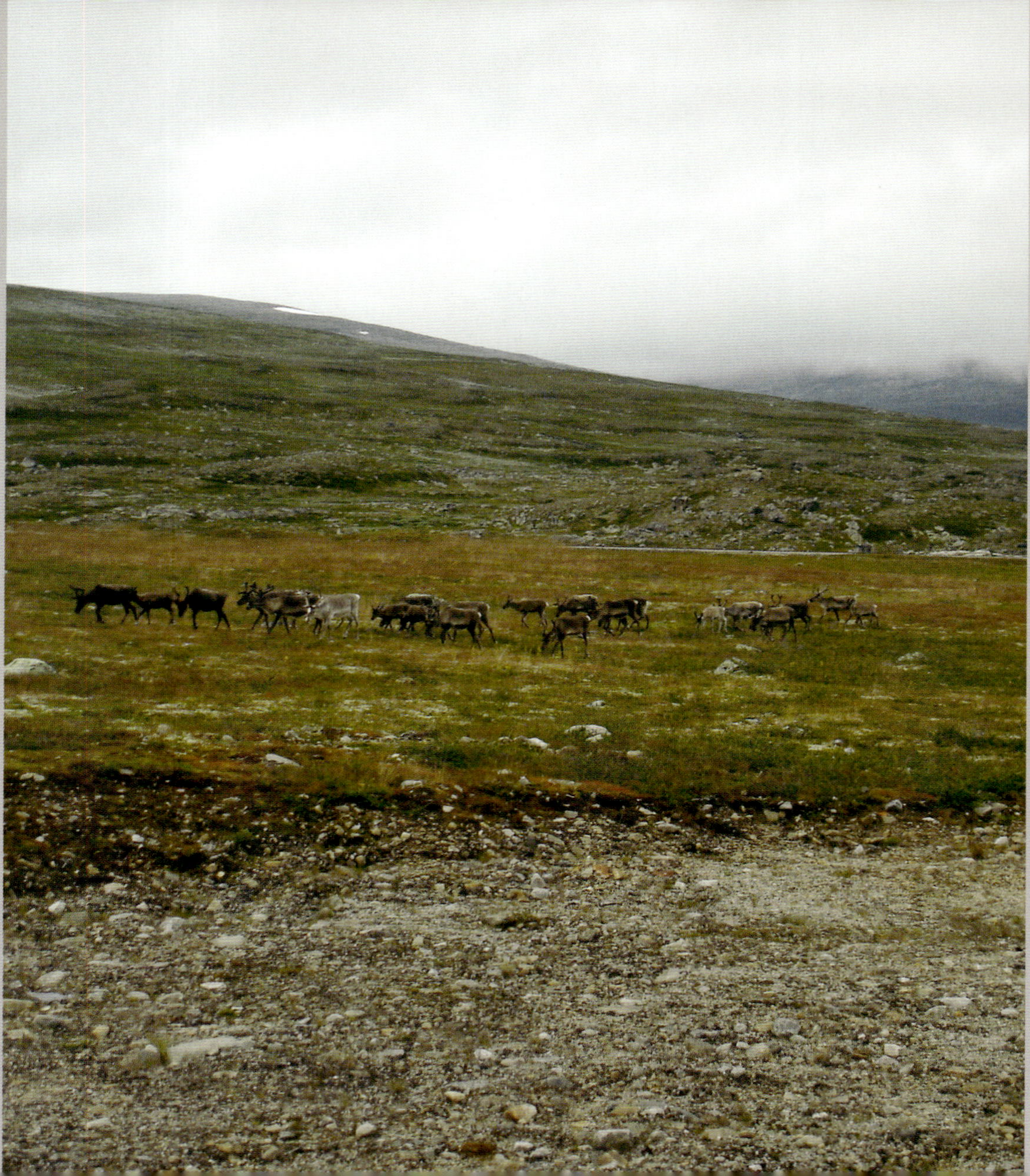

Die ersten Allgäuer

Nach dem Eis kam das Leben zurück

Vor 10 000 Jahren – Steinzeitjäger errichten Jagdstationen

Der Tisch war reich gedeckt

Das Leben am Tegelberg begann

Steinzeitlager am Bannwaldsee

Nach dem Eis kam das Leben zurück

Deutlich sind an der Einmündung des Lech in den Forggensee die vom Eis gehobelten Flyschhügel des Frauenbergs zu erkennen. Dieser bildete eine natürliche geologisch bedingte Engstelle, die vor allem für die Jagd eine große Bedeutung hatte. Funde zahlreicher Klingen und Pfeilspitzen aus der Mittelsteinzeit belegen an dieser Stelle einen wichtigen Jagd- und Rastplatz.

Jungsteinzeitliche Pfeilspitze aus grünlichem Radiolarit

Vor rund 18 000 Jahren begannen unsere Alpengletscher zu schmelzen. Kleinere Moränenwälle dokumentieren kurzzeitige Vorstöße beim Rückzug. Das Alpenvorland und die großen Alpentäler waren vor 15 000 Jahren weitgehend eisfrei. Die Schmelzwässer des abschmelzenden Lechgletschers schufen die Wildflusslandschaft Lech. Die Wettersteinkalkbarriere des Falkensteinzuges und die Molaserücken bei Roßhaupten und Rieden stauten die Schmelzwässer: der Pfrontener, der Füssener und der Lechbrucker See entstanden.

Im Spätglazial (vor 15 000 bis 10 200 Jahren) herrschten im eisfreien Alpenvorland noch arktische Verhältnisse. In den baumlosen Steppen und Tundren breitete sich eine Pflanze aus, die auch heute noch in den Umlagerungsstrecken des Lech und in den Matten- und Felsregionen der Alpen zu finden ist: die Silberwurz (Dryas octopedala) als echtes Eiszeitrelikt. Ab 13 200 Jahren kamen erstmals Weiden- und Wacholdergestrüpp hoch, das später von Birken, Kiefern, Erlen und anderen Bäumen durchsetzt wurde.

Seit dem Ende der Eiszeit leben Menschen am Lech. Entlang der Flüsse wanderten Jäger und Sammler der Steinzeit ins Gebirge. Bereits vor 11 500 Jahren waren in den Sommermonaten altsteinzeitliche Jäger im Füssener Land. Sie jagten hauptsächlich Rentiere, Pferde, Hirsche, Steinböcke, Rehe, Füchse und auch den Braunbären. Vereinzelt wurden wahrschein ich auch Mammuts erlegt. Die in den Moränen gefundenen Mammutzähne vom Pfefferbichl (Gemeinde Buching) und von der Drehhütte (Gemeinde Schwangau) oder die am Lech gefundenen Rentiergeweihe erhärten diese Vermutung. In den Flüssen und Seen wurde gefischt. Die Tundra ergänzte den Speiseplan mit wildwachsenden Pflanzen und Beeren. Der Tisch war reich gedeckt.

Ab dem 9. Jahrtausend v. Chr. begann eine lang anhaltende milde und feuchte Klimaperiode. Die Baumgrenze lag rund 400 Meter höher. Aus diesem Grunde ist es nicht verwunderlich, dass am Hopfensee, im Forggensee und am Bannwaldsee mittelsteinzeitliche Rastplätze entdeckt wurden. Am Bannwaldsee, am Ufer des ehemaligen Füssener Sees, befindet sich die größte Steinzeitstation Süddeutschlands. Der steinzeitliche Jagdplatz am Frauenberg in Horn (Gemeinde Schwangau) nahm wohl aus jagdtaktischen Gründen eine Sonderstellung ein. Die in jüngster Zeit entdeckten mittelsteinzeitlichen Jagdstationen an der

Baumgrenze im Kleinwalsertal (Schneider-küren in 1540 m Höhe) nähren die Spekulation, dass auch im hochalpinen Lechtal steinzeitliche Jäger unterwegs waren.

In der Tundra können, wie hier in Grönland, die Pilze die Bäume im Zwergbirkenwald (Betula nana) überragen. Auch in unseren Mooren findet man gelegentlich noch Zwergbirken. Rentiere fanden reichhaltige Nahrung. Die Jagdbedingungen waren für die steinzeitlichen Jäger gut.

Steinzeitfundplätze in der Füssener Bucht

Silberwurz (Dryas octopedala) ist eine häufige Pionierpflanze auf den Kiesbänken.

Aus:
Peter Nasemann
DER LECH IM GEBIRGE
– *Lechkiesel erzählen eine
    geologische Heimatgeschichte,*
Bauer Verlag 2015

Blick auf das Naturschutzgebiet Bannwaldsee und auf den Forggensee

Das Land wurde erobert

Römische Besatzer brachten modernes Leben

Sie nutzten den Reichtum der Berge:

Marmor, Wetzsteine, Eisen…

Wirtschaftsbetriebe entstanden

Am Tegelberg – die römische Zeit wird lebendig

Die Römer am Tegelberg

Dr. Wolfgang Czysz

Ochsengespann mit zwei Weinfässern auf dem Leiterwagen. Steinrelief vom Grabdenkmal eines Händlers aus Augsburg (Römisches Museum Augsburg)

Das bayerische Alpenvorland wurde im Jahr 15 v.Chr. durch die Stiefsöhne des Kaisers Augustus (23 v. – 14 n.Chr.), Drusus und Tiberius, erobert und wenig später als Provinz *Raetia (et Vindelicia)* dem römischen Weltreich einverleibt. Nach dem ersten Sitz des Prokurators in Kempten-Cambodunum wurde Augsburg-Augusta Vindelicum Hauptstadt der neuen Provinz. Der militärischen Besetzung und dem Bau von Straßen und Brücken folgten bald Kaufleute, Siedler und Veteranen, die zahlreiche Dörfer *(vici)* und Gutshöfe *(villae rusticae)* gründeten und zur raschen wirtschaftlichen Entwicklung des Landes beitrugen.

Roms Interesse am Alpenvorland

Das Interesse Roms an den Wäldern des bayerischen Alpenvorlands gründete nicht auf Eroberungslust und Machtstreben. Es entsprang vielmehr dem Schutzbedürfnis der wohlhabenden Städte Ober- und Mittelitaliens, die schon Jahrhunderte zuvor immer wieder von kriegerischen Kelten heimgesucht worden waren. Das befriedete Vorfeld der Berge sicherte außerdem den verkehrsgeographischen Anschluss der

reichen Provinzen Galliens und der mittleren Donau ans Mutterland. Das strategische Konzept des Augustus zielte auf die Okkupation des zentralen Alpenraums, die seine beiden Adoptivsöhne Tiberius, der spätere Kaiser von 14 – 37 n.Chr., und sein jüngerer Bruder Drusus (d. Ältere, 38 – 9 v.Chr.) in Angriff nahmen. Dank seiner starken Machtposition konnte Rom seinen Anspruch rasch und unangefochten durchsetzen.

In einem kurzen Feldzug im Sommer des Jahres 15 v.Chr. drang eine Armee nach Norden vor und durchkämmte die Gebirgstäler: Ausgehend von den Tridentiner Bergen unterwarf Drusus die raetischen Stämme im Etschtal und zog mit der Hauptstreitmacht über den Reschenpass ins Inntal und weiter ins nördliche Alpenvorland. Der westliche Heereskeil unter Tiberius stieß durch die Burgundische Pforte und den Hochrhein in den Bodenseeraum vor und erkundete die Donauquellen. Beide Heere vereinigten sich zur Siegesfeier *(victoria Augusta)* am 1. August (dem Jahrestag der Eroberung Alexandrias) im Feldlager auf der Augsburger Hochterrasse.

Das vom Senat gestiftete Siegesdenkmal in La Turbio über Monaco zählt 45 besiegte Völker, darunter vier Stämme der Vindeliker, von denen wir heute nur die *Licates* am Lech *(Licca)* identifizieren können; ihre Hochburg *(akropolis)* war Damasia, der Auerberg bei Bernbeuren.

Stammespräfekten und Prokuratoren, die als militärische Oberbefehlshaber das Land an Kaisers statt verwalteten, residierten im Stammesgebiet der Estionen, in *Cambodunum*-Kempten. Spätestens unter dem dritten Kaiser Gaius (Caligula, 37 – 41 n.Chr.) wurde das Land als neue Provinz *Raetia (et) Vindelicia* formell dem Imperium Romanum angeschlossen.

Zwei Generationen nach der Eroberung wurde der Weg, den Drusus über Täler und Berge gebahnt hatte, ausgebaut. Kaiser Claudius (41 – 54 n.Chr.), Drusus' zweiter Sohn, ließ diese Straße, die jetzt den Namen *via Claudia Augusta* trug, befestigen und erhob sie seinem Vater zu Ehren in den Rang einer Staatsstraße. Sie wurde am Ende des Jahres 46 eingeweiht, eine Ehre, die übrigens keiner anderen Straße in den Nordprovinzen mehr zuteil wurde. Auf Meilensäulen entlang der Straße konnte

der Reisende nachlesen, dass Kaiser Claudius „die *via Claudia Augusta* gebaut hat, die sein Vater Drusus anlegte, nachdem er die Alpen im Krieg geöffnet hatte".

Ti(berius) Claudius Caesar Augustus Germ(anicus)…

viam Claudiam Augustam, quam Drusus pater alpibus bello patefactis derexserat, munit a flumine Pado at flumen Danuvium per (milia) p(assuum) CC(CL)

Die Länge der gewaltigen Straßenbaumaßnahme betrug nach römischer Zählung 350 Meilen *(milia passuum =* 1000 Doppelschritte = 1478 m), was einer Strecke von etwa 517 km entspricht. Die Inschrift des Rablander Meilensteins umschreibt die Baustrecke „vom Po bis zur Donau", der von Cesio Maggiore bei Feltre bezieht sich ab *Altino*, also auf die Adriastadt *Altinum* bei Venedig, von wo die Strecke an *Tarvisium*-Treviso vorbei durch die Val Sugana nach der *colonia Julia Tridentum*-Trient führte.

Ein Pfau als Sinnbild von Pracht, Schönheit und Eitelkeit auf einem Wandfresko des Wohnhauses unter der Talstation der Tegelbergbahn

Bleietikett für ein 2,5 Denare teures Kleidungsstück aus der Handelsstation im Forggensee bei Dietringen

Via Claudia Augusta neben der alten Bundesstraße 16 nördlich von Dietringen (im Sommer vom Forggensee überflutet)

Zwischen Po und Donau

Der mittlere Streckenabschnitt durch das Tiroler Land überwand den Alpenkamm über den Reschenpass (Passo di Resia) und führte hinunter ins Inntal. Von dort stieg Straße, an Imst-*Umista* vorbei, hinauf zum Fernpass und wieder hinab ins Lechtal. Durch die Tannheimer Berge erreichte die *Via Claudia* bei Füssen wieder das offene Land. Typisch für die Gebirgsstrecken sind Felsgalerien und Geleise, wie sie bei Landeck, Imst oder Biberwier eindrucksvoll erhalten sind. Nicht weniger charakteristisch für die Zeit waren aber auch die zahlreichen Altstraßen-Varianten im Gelände, die der Erkundung galten und die Schwierigkeiten der Streckenführung dokumentieren. Der letzte Abschnitt auf deutschem Boden führt durch die Moränenlandschaft am Alpenfuß ins Lechtal und auf den Flussterrassen nach Norden bis zur Donau. Im Flachland wiederum ist die antike Straße durch eine kiesgebundene Fahrbahn geprägt, die in mehreren Bau- und Reparaturphasen über die Jahrhunderte zu einem metermächtigen Schotterdamm aufgewachsen war.

Vom Kniepass in Reutte kommend, folgt die Trasse dem rechten Lechufer bis vor die Engstelle des Lechfalls in Höhe des österreichischen Zollpostens Weißhaus, wo sie vermutlich den Fluss überquerte.

Jedenfalls erscheint die Trasse im Füssener Ortsteil Bad Faulenbach auf einer schmalen, ausgeprägten Stufe hart am Nordufer des Lech; dort ist der Geländeeinschnitt im Fels noch gut erkennbar. Die Römerstraße knickt am Fuß des Füssener Schlossberges mit den Resten der spätantiken Station *Foetibus* nach Norden und läuft unter der heutigen Augsburger Straße (B 16) ins offene Land. Beim gegenwärtigen Forschungsstand nicht auszuschließen ist eine frühe Umfahrung des Alpsees bei Hohenschwangau, die an Schwangau vorbei nach Norden zog und erst in Höhe von Roßhaupten den Lech überschritt. Ab Füssen wird die *Via Claudia* erstmals als typische Römerstraße mit dem ausgeprägten, seitlich von Materialgruben begleiteten Dammkörper fassbar. Streckenweise noch schön erhalten sind die Spuren im Bereich des Forggensees wie bei Ehrwang/Dietringen. Obwohl die *Via Claudia Augusta* als verkehrsgeographisches und siedlungsbildendes Element die Erschließung des Alpenvorlandes beschleunigte und auch die Grundlage für die friedlichen Handelskontakte mit der einheimischen Bevölkerung ermöglichte, blieb das Allgäu abseits der Römerstraßen auch in den folgenden Jahrhunderten der mittleren Kaiserzeit eher locker besiedelt.

Der römische Gutshof am Tegelberg

Zu den wenigen Siedlungen im Füssener Becken zählt eine Niederlassung im Schatten des Tegelbergs, knapp 2 km südöstlich von Schwangau. Sie wurde 1934 „im Winkel" („Rieder") am Fuß der Hornburg im Bereich der Tegelbergbahn-Talstation entdeckt. Es handelt sich um eine ausgedehnte Villenanlage, von der heute elf Fundpunkte mit Gebäuderesten bekannt sind, die sich über eine Fläche von 130 x 350 m (rund 4,5 ha) erstrecken. Nach Auslage und Art der Gebäude handelt es sich um eine *villa rustica*, einen jener typischen bäuerlichen Hofkomplexe, die überall im Alpenvorland, besonders dicht aber im Limesgebiet nördlich der Donau zu finden sind. Sie wurden im Familienbetrieb bewirtschaftet und stellten das wirtschaftliche Rückgrat der Provinz dar. Eine der wichtigsten Aufgaben war, die landwirtschaftliche Grundversorgung der Städter und der an

den Grenzen stationierten Truppen mit Nahrungsmitteln sicherzustellen.

1935 grub der Füssener Lehrer H. Popp das erste Steingebäude aus. Durch den Einbau von drei Darren gab es sich damals als landwirtschaftliches Gebäude zu erkennen. Neben diesem Gebäude wurden 1966 beim Bau der Tegelberg-Talstation ein Wohnhaus der Villenanlage und das Badegebäude aus der zweiten Hälfte des 2. Jahrhunderts n.Chr. angeschnitten und ausgegraben. Das Badegebäude neben der Seilbahnstation sowie das Wirtschaftsgebäude unterhalb der Sommerrodelbahn konnten konserviert und der Öffentlichkeit zugänglich gemacht werden.

Aus den eingestürzten Gebäuden 2 und 3 wurden zahlreiche Bruchstücke von farbigen Wandmalereien geborgen, die dank ihrer guten Erhaltung und der sorgfältigen Bergung erfolgreich restauriert werden konnten. Zum ersten Mal gelang es, nicht nur Einzelbilder, sondern ganze Wandabwicklungen und Deckenfresken zu rekonstruieren. Sie haben den Schwangauer Fund weit über die Grenzen Bayerns hinaus bekannt gemacht. Die Originale sind in der Prähistorischen Staatssammlung München ausgestellt.

Ausgrabung des römischen Wohnhauses unter der Talstation der Tegelbergbahn im Jahr 1966

Wirtschaftsgebäude mit drei Darren am Einlauf der Sommerrodelbahn während der Konservierung im Jahr 1998

Das Wohnhaus

Das quadratische Wohngebäude war mit 14,8 x 14,6 m verhältnismäßig klein; sein Eingang lag in der Mitte der Nordost-Seite und führte durch einen mit Büsten der zwölf Monatsgötter bemalten Korridor in den Kern des Gebäudes. Dort lagen die beheizten Räume 1 bis 4, die ebenfalls mit farbig bemaltem Wandputz ausgestattet waren. Wobei die Deckengewölbe-Fresken durch Flechtwerk auf einem Lattengerüst befestigt waren; seine Spuren blieben auf der Rückseite des Kalkputzes sichtbar erhalten. Die Malerei zeigt, übersetzt in eine volkstümliche Bildsprache lokaler Handwerker, Themen der klassischen Mythologie (Herkules im Kampf mit der lernäischen Hydra, die Geburt der Venus, den Raub des Ganymed sowie die Wochengötter). Aus Raum 3 stammt das Fresko eines Pfauenpaares.

Das Badegebäude

20 m weiter östlich lag das 13,6 x 12,3 m große Badegebäude *(balneum)*, das innerhalb der römischen Siedlungsperiode erst spät, in der zweiten Hälfte des 2. Jahrhunderts errichtet worden war. Es dokumentiert den hohen Anspruch des antiken Menschen an die tägliche Hygiene und war zugleich eine wichtige soziale Einrichtung der Hofbesitzerfamilie. Der Baukörper war außen rot verputzt. Über den Korridor (6) betrat der Badbenutzer zuerst den temperierten Eingangs- und Umkleideraum (1), *apodytherium*. Von hier aus gelangte er in das Warmbad *caldarium* (4) mit einer eingebauten rechteckigen Sitzwanne, die später ein halbrundes Becken in der Apsis ersetzte. Vom lauwarmen *tepidarium* (3) ging man in das Kaltbad (2) *frigidarium* mit dem 0,9 m tiefen Kaltwasserbassin, in das man über eine Brüstung und zwei Stufen hinabstieg. Zuletzt konnte man sich im *apodytherium* (1) wieder aufwärmen. Die Fußböden und Wände waren durch eine holzgefeuerte Unterfußbodenheizung *(hypocaustum)* beheizt, die vom Schürkanal, dem *praefurnium* (5), beschickt wurde. Die Heißluft zirkulierte unter den Fußböden und zog durch röhrenförmige Spezialziegel *(tubuli)* in den Wänden ab. Sämtliche Räume besaßen gewölbte Decken, deren auf Flechtwerk haftender Putz reich bemalt war. Aufgrund von Scheibenbruchstücken und Putzkanten müssen das *frigidarium* und *caldarium* mit Rundbogenfenstern, das *tepidarium* aber mit Rechteckfenstern ausgestattet gewesen sein.

Dank der sorgfältigen Bergung und Restaurierung bietet die Malerei ein einzigartiges Zeugnis römischer Architektur und Wandmalerei. Die farbige Raumdekoration des quadratischen Vorraums zeigt an der Decke den Raub des Ganymed, an einer Wand des *caldariums* Herkules im Kampf mit der lernäischen Hydra. Das Gewölbe des temperierten Raumes schmücken Bacchus mit Weinreben und Trauben, die Geburt der Venus und spielende Eroten als Sinnbild von Lebensfreude und Genuss. Auch die Dekoration des Kaltbads steht in sinnfälligem Bezug zur Funktion: ein Badediener bringt Öl und Handtuch; Fischschwärme, Wassergötter, Tritonen, Nereiden und Delphine tummeln sich an den Wänden und der Decke. Die Schwangauer Fresken offenbaren weniger die originelle künstlerische Leistung des Baumalers als das Geschick, mit dem der örtliche Handwerker die Themen der klassischen Mythologie in seine volkstümliche Bildsprache übersetzt hat.

Trotz sorgfältiger Wintersicherung hat der strenge Allgäuer Frost dem römischen Mauerwerk stark zugesetzt und beträchtliche Schäden an den Wänden, Hypokaustanlagen und Wasserbassins angerichtet. Nach dem Bau des Schutzhauses 1996 ist der antike Mauerbestand 1997 gesichert und zusammen mit einer musealen Präsentation des Bades 1999 wieder der Öffentlichkeit zugänglich gemacht worden.

Das Wirtschaftsgebäude

Das 1996 erneut freigelegte Steingebäude besitzt eine mächtige Türschwelle für ein zweiflügeliges Tor, so dass man den befestigten Hof mit einem ein- oder zweiachsigen Wagen befahren und die Ernte anliefern konnte. An seiner Schmalseite eingebaut, fanden sich gewerbliche Öfen, die nach ihrer Bauart als Darren zu deuten sind. Solche Trockenöfen sind für die Leintrocknung oder das Rösten von Getreide verwendet worden.

Außer diesen eindeutig landwirtschaftlichen, vermutlich auf die Textilverarbeitung hinweisenden Gewerbeöfen deutet der im Grunde ungünstige klimatische Standort im Schatten des 1880 m hohen Branderschrofenmassivs auf eine weitere handwerkliche Betätigung: Eisenschlackenfunde nördlich der Siedlung und die Nähe zu den Eisenerzrevieren am Säuling könnten mit den Aktivitäten eines Bergbau-Unternehmers zusammenhängen.

Modell des Römerbades am Tegelberg

Salvete, amici

Die Römer am Tegelberg

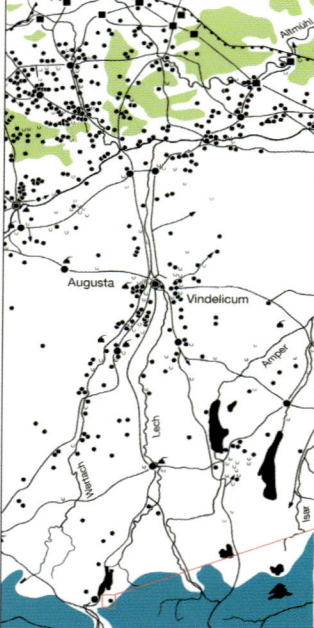

Der militärischen Besetzung und dem Bau von Straßen und Brücken folgten bald Kaufleute, Siedler und Veteranen, die zahlreiche Dörfer (*vici*) und Gutshöfe (*villae rusticae*) gründeten und zur raschen wirtschaftlichen Entwicklung des Landes beitrugen.

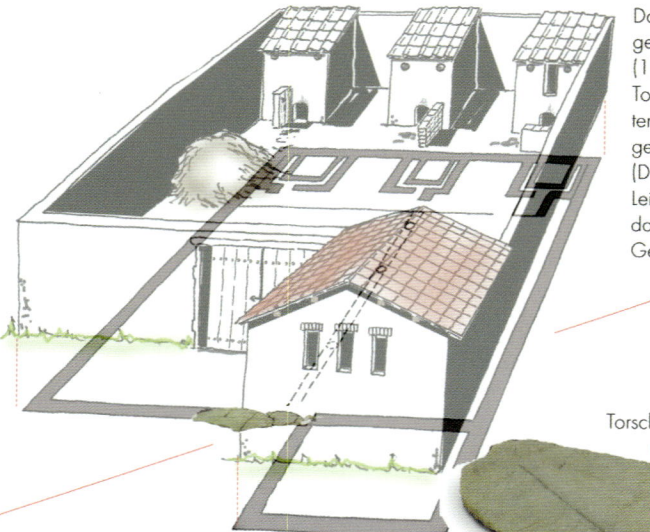

Das 1996 erneut freigelegte Steingebäude (1) mit der mächtigen Torschwelle (Bild unten) besitzt drei gewerbliche Öfen (Darren) für die Leintrocknung oder das Rösten von Getreide.

Torschwelle von Gebäude 1

Abseits der Römerstraßen blieb das Allgäu eher locker besiedelt. 1934 wurden die ersten Spuren einer ausgedehnten Villenanlage im Schatten des Tegelbergs entdeckt; man kennt heute elf Fundpunkte mit Gebäuderesten.

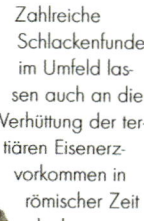

Zahlreiche Schlackenfunde im Umfeld lassen auch an die Verhüttung der tertiären Eisenerzvorkommen in römischer Zeit denken.

Das bayerische Alpenvorland wurde im Jahr 15 v. Chr. durch die Stiefsöhne des Kaisers Augustus (23 v. – 14 n. Chr.), Drusus und Tiberius, erobert und wenig später als Provinz *Raetia* (*et Vindelicia*) dem römischen Weltreich einverleibt. Nach dem ersten Sitz des Prokurators in Kempten-*Cambodunum* wurde Augsburg-*Augusta Vindelicum* Hauptstadt der neuen Provinz.

Dr. Wolfgang Czysz

Baustelle Römerbad

Trotz sorgfältiger Wintersicherung hat der strenge Allgäuer Frost dem römischen Mauerwerk stark zugesetzt und beträchtliche Schäden an den Wänden, Hypokaustanlagen und Wasserbassins angerichtet. Nach dem Bau des Schutzhauses 1996 wurde der antike Mauerbestand 1998 gesichert und zusammen mit einer musealen Präsentation des Bades wieder der Öffentlichkeit zugänglich gemacht.

Das Badehaus *balneum* dokumentiert den hohen Anspruch des antiken Menschen an die tägliche Hygiene. Über den Korridor (6) betrat der Badbenutzer zuerst den temperierten Eingangs- und Umkleideraum (1). Von hier aus gelangte er in das Warmbad *caldarium* (4). Vom lauwarmen *tepidarium* (3) ging man in das Kaltbad (2) *frigidarium* mit dem 0,9 m tiefen Kaltwasserbassin (2a), in das man über eine Brüstung und zwei Stufen hinabstieg. Zuletzt konnte man sich im *apodytherium* (1) wieder aufwärmen.

Die Dekoration des Kaltbades steht in sinnfälligem Bezug zur Funktion: Ein Badediener bringt Öl und Handtuch; Fische, Wassergötter, Tritonen, Nereiden und Delphine tummeln sich an den Wänden und der Decke.

Valete, amici

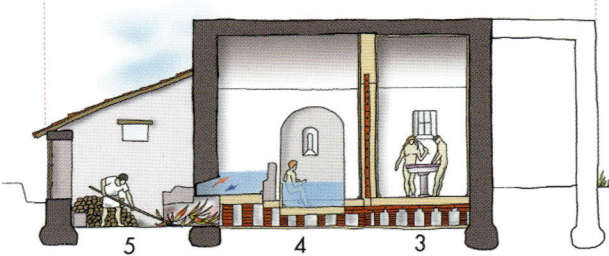

Fußböden und Wände waren durch eine holzgefeuerte Unterfußbodenheizung (*hypocaustum*) beheizt, die vom Schürkanal, dem *praefurium* (5), beschickt wurde. Die Heißluft zirkulierte unter den Fußböden und zog durch röhrenförmige Spezialziegel (*tubuli*) in den Wänden ab.

Forstamt Füssen · Gemeinde Schwangau · Stadt Füssen · Tegelbergbahn Schwangau

Dr. Wolfgang Czysz

Der römische Gutshof

Neben dem Gewerbegebäude wurden 1966 beim Bau der Tegelbergbahn-Talstation ein Wohnhaus der Villenanlage (2) und das Badegebäude (3) aus der zweiten Hälfte des 2. Jahrhunderts n. Chr. angeschnitten, ausgegraben und konserviert.

Aus den eingestürzten Gebäuden wurden zahlreiche Bruchstücke von farbigen Wandmalereien geborgen, die dank ihrer guten Erhaltung und der sorgfältigen Bergung erfolgreich restauriert werden konnten. Zum ersten Mal gelang es, nicht nur Einzelbilder, sondern ganze Wandabwicklungen und Deckenfresken zu rekonstruieren, die den Fund weit über die Grenzen Bayerns bekannt machten. Die Originale sind in der Prähistorischen Staatssammlung München ausgestellt.

Aus Raum 3 des Wohnhauses (2) stammt das Pfauenpaar.

Der quadratische Eingangsraum des Badegebäudes (3) zeigt an der Decke den Raub des Ganymed.

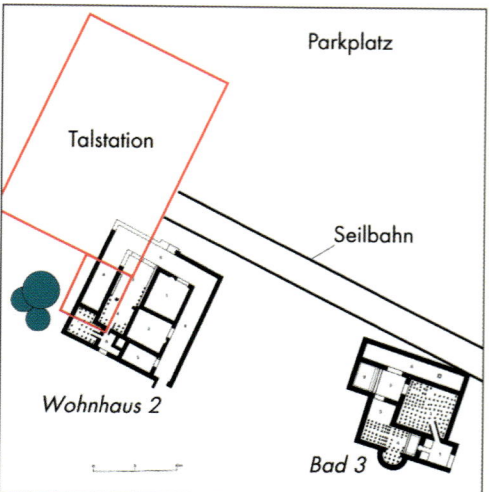

Parkplatz

Talstation

Seilbahn

Wohnhaus 2

Bad 3

Der Bronzerahmen einer Gürtelschließe aus der ersten Hälfte des 3. Jahrhunderts wurde 1935 im Gewerbegebäude gefunden.

Beide Gebäude waren verputzt und innen farbig ausgemalt. Auf den Deckengewölben war der Kalkputz mit Flechtwerk auf einem Lattenrost befestigt. Die Schwangauer Malerei zeigt Themen der klassischen Mythologie (Herkules im Kampf mit der lernäischen Hydra, die Geburt der Venus, Bacchus mit Weinreben und Eroten, Merkur, den Raub des Ganymed, Wochengötter), übersetzt in eine volkstümliche Bildsprache lokaler Handwerker.

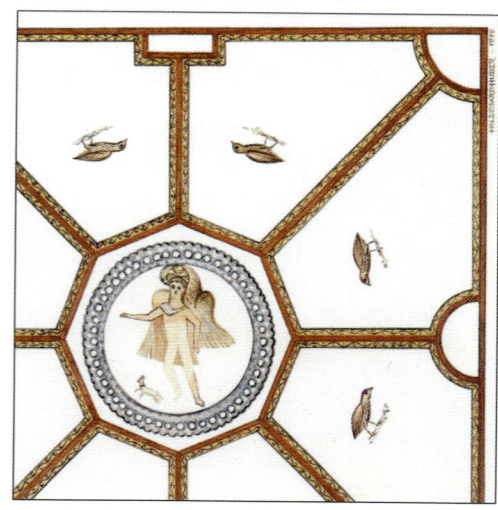

Eine
königliche Landschaft

Herrschaftliche Jagdgesellschaften

Melancholie und Romantik

Ein einsamer König in verzauberter Landschaft

Der Tegelberg

– im Herzen des Naturschutzgebietes Ammergebirge

Mittelalter / Schlösser

König Ludwig II. und die Hohenschwangauer Berge

König Ludwig II. hatte eine innige Beziehung zu den Bergen entwickelt, die heute von vielen Alpinisten nachempfunden werden kann. In einem Brief an seine Erzieherin Sibylle v. Leonrod schrieb er 1868 als 23-Jähriger aus Hohenschwangau: *„Nichts ist stärkender für Geist und Körper als viel in Gottes freier Natur sich zu bewegen, dort oben auf freier Bergeshöhe ist die Seele dem Schöpfer näher, schöner und erhabener als im Qualm der Städte, wo die wahren Freuden ihren Sitz wahrlich nicht haben."* Eine tiefe, fromme Grundhaltung und Gottesfurcht hat das Naturverständnis Ludwigs II. geprägt.

Jahrhundertelang wurden die Prinzen im Hause Wittelsbach auf ihre Rolle als Stellvertreter Gottes auf Erden vorbereitet. Auch Ludwig wurde betont christlich erzogen. Sein Vater, König Max II., liebte die Hochgebirgsjagd und seine Mutter, Königin Marie, betätigte sich mit Begeisterung als Bergsteigerin. König Max ließ die 1832 erworbene Burgruine Hohenschwangau zum Lieblingsaufenthaltsort der Königsfamilie ausbauen. Einen großen Teil seiner Kind- und Jugendjahre verbrachte der junge Prinz nicht in München, sondern auf Schloss Hohenschwangau und in den Hohenschwangauer Bergen. So entfaltete sich von frühester Kindheit die Liebe zur Bergwelt.

Ludwig II. war häufig mit dem Pferd im Gebirge unterwegs. (Gemälde von Feodor Dietz, 1864)

In seiner Erziehung wurde großer Wert auf das humanistische Ideal „mens sana in corpore sano" (in einem gesunden Körper ist ein gesunder Geist) gelegt. So berichtet die Hohenschwangauer Schloss-chronik, dass der junge Ludwig am 8. August 1859 den Alpsee von der königlichen Bootshütte aus erstmals mühelos in 22 Minuten durchschwommen habe. Zur körperlichen Ertüchtigung und zum Vergnügen durfte Ludwig mit seinem Bruder Otto auch bergsteigen. Sie bestiegen die umliegenden Berge, etwa den Säuling, den Niederen Straußberg, die Krähe und die Hochplatte. Am 9. September 1857 war Ludwig zum ersten Mal auf dem Tegelberg. Sicherlich hat damals den jungen Ludwig der berühmte Tegelbergblick ins Hochgebirge und ins Voralpenland ebenso beeindruckt wie die vielen Besucher heute.

Nach seiner Thronbesteigung am 10. März 1864 intensivierte der junge König noch seine Betätigung in „Gottes freier, erhabener Natur". Er unternahm ausgedehnte Reitausflüge ins Gebirge. König Ludwig II.

war ein ausgezeichneter und kühner Reiter. Öfters ritt er zur Tegelberghütte, die 1852 von seinem Vater als Stützpunkt für die Hochgebirgsjagd erbaut wurde. Oft führte ihn dann sein Weg zum Gipfel des Branderschrofens. Die Chronik berichtet, dass der junge König am 3. November 1864 auf den Tegelberg reiten wollte. Aber der Reitweg (Naturpfad „Ahornreitweg") war durch den hohen Schnee unpassierbar. Aus diesem Grund ritt er dann über den Schützensteig zum Plansee. Über Reutte und Pinswang führte ihn der Weg noch am gleichen Tag zurück nach Hohenschwangau. Bereits neun Tage später, am 12. November 1864, ritt er in die Bleckenau bis zur Jägerhütte und bestieg von dort den Niederen Straußberg (1934 m).

Die vielfältigen Regierungsaufgaben legten König Ludwig II. ungeliebte Fesseln an. Der Aufenthalt in der Residenz in München war ihm verhasst. So oft es möglich war, entfloh er der Stadt trotz ministerieller Irritationen und diplomatischer Ärgernisse. Auf seine Bergfahrten in den Sommermonaten konnte und wollte er nicht verzichten. Um die Regierungsgeschäfte dennoch erledigen zu können, bekamen die eigenen elf Berghütten zwischen Lenggries und Füssen eine immer größere Bedeutung. Sie wurden königliche Nebenresidenzen. Der Aufenthalt auf den Berghütten war so organisiert, dass die laufenden Regierungsgeschäfte problemlos erledigt werden konnten.

Um die Mitte der siebziger Jahre erhielten die Bergfahrten ein straff organisiertes Schema, das bis zu seinem Tode 1886 im Wesentlichen beibehalten wurde. Auf politische und gesellschaftliche Ereignisse wurde ebenso wenig Rücksicht genommen wie auf widrige Wetterverhältnisse. Die erste Bergfahrt führte vom 6. bis 15. Juni auf den Brunnenkopf, den Pürschling und die Halbammerhütte in den Ammergauer Alpen. Auf seiner zweiten Bergfahrt besuchte er etwa vom 24. Juni bis 3. Juli seine Berghütten auf dem Herzogstand, dem Sojern und dem Gammersberg in der weiteren Umgebung des Walchensees. Mit einem dreitägigen Besuch der Kenzenhütte wurde der vierwöchige Sommeraufenthalt in Hohenschwangau eingeleitet und etwa Mitte August mit einem Dreitagesaufenthalt auf der

Königin Marie mit ihren beiden Söhnen Ludwig und Otto am Aussichtspunkt „Auf der Jugend" oberhalb von Schloss Hohenschwangau (Gemälde von Lorenzo Quaglio, 1856)

Tegelberghütte abgeschlossen. Auf die letzte Augustwoche, auf die auch sein Geburts- und Namenstag fiel, wurde der erste und auf die letzte Septemberwoche der zweite Aufenthalt auf dem Schachen festgelegt. Mit einem nochmaligen Besuch der Vorderriß in den letzten Oktobertagen wurde das Bergtourenprogramm im Jahreskreis abgeschlossen.

Nach der Gründung des Deutschen Reiches 1871 wollte Kaiser Wilhelm I. seine Durchreise durch Bayern zum Kuraufenthalt in Bad Gastein nutzen, um sich in den verschiedenen bayerischen Städten durch politische Repräsentanten und durch die Bevölkerung als Kaiser aller Deutschen huldigen zu lassen. Entgegen dem Rat seiner Regierung ignorierte aber Ludwig den Kaiser. Das Deutsche Reich war König Ludwig II. zutiefst suspekt. Er achtete genau darauf, dass die bayerische Souveränität und Identität nicht durch den Machtanspruch des Deutschen Reiches Schaden erlitt. Regelmäßig vor der Ankunft des Kaisers in München stand der Sommeraufenthalt des Königs in den Hohenschwangauer Bergen an. Er zog sich entweder auf die Kenzenhütte im Halblechtal oder auf die Tegelberghütte zurück und wohnte anschließend im Schloss Hohenschwangau. Auch die bayerische Bevölkerung verweigerte sich dem Kaiser. Die Peinlichkeit des öffentlichen Eindrucks über die nur in Bayern verweigerte Huldigung Kaiser Wilhelms I. versuchte man in Berlin schon 1875 mit der Presseerklärung zu kontern, der Kaiser habe bei der Durchreise das strengste Inkognito bewahrt sehen wollen.

Bei seinen Gebirgsaufenthalten lernte die Landbevölkerung ihren König auch als einen jederzeit hochherzigen Wohltäter kennen. Er war der Stellvertreter Gottes auf Erden und damit auch für die alltäglichen Sorgen der Menschen zuständig. Aus diesem Grunde setzte er, vielfach unter Umgehung des Amtsweges, direkt übergebene Bitten und Gesuche oft mit Nachdruck gegen seine eigene Regierung durch. Zahlreiche Anekdoten über seine Wohltätigkeit prägen bei den Einheimischen auch heute noch das Bild des Königs. Darüber hinaus war und ist die Bevölkerung dankbar, dass seine Bauten Arbeit, Einkommen und Aufschwung in jahrhundertelang strukturschwache Regionen brachten.

Die katholisch-religiöse Lebensanschauung des Königs war der konservativen bayerischen Bevölkerung vertrauenswürdig und gab ihr Halt in einer schwierigen Zeit. Sie verehrte den König und die Verehrung reichte über die Grenzen Bayerns hinaus. Seine Art, das Königreich Bayern zu regieren, die ministerielle Bewertung seiner Bauleidenschaft, seine Zurückgezogenheit und seine Menschenführung setzten jedoch eine Bewegung in Gang, an deren Ende die Diagnose „Schizophrenie" stand. Sie führte schließlich zur Thronenthebung und zu seinem tragischen Tod. Zum Zeichen ihrer Empörung setzten die Tiroler am 1. Jahrestag seines Todes eine weithin sichtbare schwarze Trauerfahne auf den Gipfel des Säulings. Und jedes Jahr feiern die Schwangauer Bürger am 25. August mit Bergfeuer den Geburts- und Namenstag des Königs.

Der Tegelberg jedenfalls ist im Leben des Königs zwar nur eine winzig kleine Episode. Vielleicht kann aber der eine oder andere Besucher des Tegelberges, der die Biographie des Königs ein wenig kennt, die Zeilen nachempfinden, die Ludwig am 9. August 1878 von der Tegelberghütte an Richard Wagner schrieb. Er wolle „*Trotz bieten der törichten Menschheit, vor allem auch durch die Aufenthalte in meinen geliebten Bergen, entrückt der Welt, mit der ich innerlich stets im Kampfe lag, noch liege und mit der ich mich auch nie versöhnen werde.*"

Einen großen Teil seiner Jugend verbrachte Ludwig nicht in München, sondern auf Schloss Hohenschwangau und in den Hohenschwangauer Bergen.

Es erfüllte die einheimische Bevölkerung mit Stolz, dass durch die königlichen Erlasse selten gehörte Ortsnamen über die engen heimatlichen Grenzen bekannt wurden. So unterzeichnete König Ludwig II. am 9. August 1880 auf dem Tegelberg diese Verfügung.

König Ludwigs

Das Ballonprojekt König Ludwigs II. von Schloss Hohenschwangau über den Alpsee zur Sperbersau

Tausende von Touristen lassen sich Jahr für Jahr von den Schlössern König Ludwigs II. verzaubern. Seine Verklärung zu einem romantischen Märchenkönig machte Neuschwanstein und Hohenschwangau zu einem weltweiten touristischen Highlight. Auch für Drachen- und Gleitschirmflieger ist ein Flug über die Schlösser und die königliche Landschaft eine Besonderheit.

Die Persönlichkeit von König Ludwig II. ist vielschichtig. Als er 1864 den Thron bestieg, trat er ein schwieriges Erbe an. Die politischen Verhältnisse in Europa waren kompliziert und gefährlich. Dieser realen politischen Welt versuchte er sich aber immer wieder zu entziehen. Seine Liebe galt der Kunst und seiner Bauleidenschaft. Er suchte in der Einsamkeit der Berge Zuflucht, Kraft und Lebenssinn.

König Ludwig II. war aber nicht weltfremd und verschlossen. Im Gegenteil, er interessierte sich brennend für die neuen, spektakulären Technologien seiner Zeit. Mit Begeisterung setzte er die neuen Erfindungen ein, z.B. Dampfkraft, gewagte Glas- oder Eisenkonstruktionen, Elektrizität, Telefon oder Fahrrad. Und spätestens seit der Pariser Weltausstellung 1867 war er fasziniert von der Idee des Fliegens.

Im Sommer 1869 reifte in Ludwig der Wunsch, sich in Hohenschwangau ein Fluggerät bauen zu lassen. Er wollte vom Schloss Hohenschwangau über den Alpsee gleiten. Für seine Pläne konnte der König Friedrich Brandt, einen begabten Maschinenmeister im Münchner Hoftheater, begeistern.

Eine Gondel in Pfauenform sollte mittels eines Seilzuges über eine Entfernung von 1240 Metern und einen Höhenunterschied von 49,6 Metern über den Alpsee geführt werden. Da über den See keine Stützen gebaut werden konnten, würde das Seil auf diese Entfernung zu stark durchhängen. Aus diesem Grund wollte man die Gondel an einen Ballon hängen, der Seil und Gondel während der Fahrt entlasten sollte.

Traum vom Fliegen

Aber ungeheure technische Schwierigkeiten stellten sich diesem Wunsche entgegen. Die interne Diskussion und Berechnungen brachten zahlreiche negative Ergebnisse. Besonders schwerwiegend erschien, dass das Drahtseil bei dieser Länge schon durch das eigene Gewicht reißen würde. Gondel und Ballon könnten dann zum Spielball der Winde werden. Zudem war die Beschaffung des Wasserstoffes für den Ballon mit 6,2 Metern Durchmesser problematisch. Ludwigs Flugwunsch war zur damaligen Zeit nicht zu verwirklichen.

Aber Ludwig träumte weiter vom Fliegen. Er beobachtete sehr genau die Entwicklung in der Luftfahrttechnik. 1883 schwärmte er in einem Brief an seinen Freund Brandt, wie schön es doch wäre, schnell nach Berlin fliegen zu können, doch sei leider die Zeit des Motorfluges noch nicht gekommen. Sehnsüchtig wünschte er sich die Lenkbarkeit der Luftschiffe herbei, um: *„Mit Dir durch die Lüfte in Wirklichkeit zu fliegen, wie es im kleinen an jenem Abend nach der „Oberon" Vorstellung geschah, das wär mein großer Wunsch, erdentrückt Du und ich."*

Dieser Brief verrät, dass König Ludwig II. zumindest einmal in seinem Leben das Gefühl des Fliegens erleben durfte; wenn auch nur auf der Bühne.

Rund hundert Jahre später umkreisen wie selbstverständlich bunte Drachen und Gleitschirme sein Schloss. Immer dann, wenn ich mit meinem Drachen über Schloss Hohenschwangau, den Alpsee und Schloss Neuschwanstein kreise, denke ich an die Flugträume Ludwigs II. und spüre königliche Freude.

„…durch die Lüfte in Wirklichkeit fliegen,…, das wäre mein größter Wunsch" (aus einem Brief an seinen Freund Brandt 1883). König Ludwig wäre sicherlich vom Drachenfliegen fasziniert gewesen.

Ein Flug über die Königsschlösser ist immer ein besonderes Erlebnis.

Schloss Hohenschwangau und der Alpsee
– eine deutsche Landschaft –

König Maximilian II. war seit seiner Kindheit von dieser Landschaft fasziniert. Sie entsprach der romantischen Naturvorstellung der damaligen Zeit: majestätische Berge, dunkle Wälder und ein glitzernder See. Es ist ein Ort der Sagen, mit einer besonderen historischen Vergangenheit. Sie übertraf nach seiner Ansicht die damals typische deutsche Landschaft: die Burgenlandschaft am Rhein. Naturliebhaber freuen sich über diese Landschaft, die vor allem durch das Gletschereis geschaffen wurde. Ein mindestens 600 m mäch-

Kronprinz Maximilian auf dem Alpsee, Gemälde von Lorenzo Quaglio II. (1793-1869) aus dem Jahre 1841

tiger Eispanzer räumte den Alpseekessel aus, hobelte die Bergrücken rund und schuf die steilen Flanken, die vom Säuling herabziehen. Der Alpsee wird von kohlensäurehaltigem Quellwasser gespeist, das den Kalkstein im Untergrund auflöst. Aus diesem Grund hat der See eine Tiefe von etwa 60 Metern. Nach der Eiszeit entwickelte sich rund um den Alpsee der für Mitteleuropa typische Laub-Mischwald. Es ist ein schönes Beispiel, wie geologische Prozesse die romantische Seele von Menschen beeinflussen können.

Das Haus Wittelsbach und Hohenschwangau
Museum der bayerischen Könige

Die Anfänge

Im Jahr 1829 entdeckten Kronprinz Maximilian von Bayern und seine Begleiter anlässlich einer Fußreise entlang der Alpen die heruntergekommene Burg Schwanstein in Hohenschwangau. Maximilian war begeistert von der traumhaften Lage und fand den Gedanken sehr reizvoll, täglich die unberührte, freie Natur zu genießen. Nach mehrjährigen Umbau- und Renovierungsarbeiten entwickelte sich das Schloss zur Sommerresidenz der königlichen Familie.

Schloss Hohenschwangau

Schloss Hohenschwangau, der Alpsee (links) und der Schwanseepark (oben)

Die königliche Familie

Maximilians Frau Marie, aber auch
seine Söhne Ludwig, der spätere König
Ludwig II., und Otto genossen fernab vom
hektischen städtischen Treiben die Som-
mermonate in Hohenschwangau und seiner
Umgebung. Ausgedehnte Spaziergänge,
Jagen, Fischen in den umliegenden Seen
und Bergtouren gehörten zur täglichen
Freizeitgestaltung.

Spaziergang der königlichen Familie
auf der Straße zum Schloss
Hohenschwangau, 1861

Königin Marie
– eine begeisterte Bergsteigerin

Königin Marie ließ sich ein spezielles
Bergsteigerkostüm aus Loden ferti-
gen. Ein langärmliges Oberteil mit
Schnürmieder und ein Lodenrock
wurden durch eine bodenlange Lo-
denhose ergänzt. Ausgestattet mit diesem extra für sie entworfenen Gewand
und einem einfachem Bergstock aus Kie-
fernholz begab sie sich regelmäßig zu
Bergtouren auf die Gipfel der Umgebung.
Tegelberg, Säuling, Gehrenspitze, Schlicke
und Achselkopf gehörten zu den Gipfeln,
die sie jährlich bestiegen hat (siehe auch:
„Königsrunde am Tegelberg", Seite 132ff).

Ausritt des Prinzregenten
Luitpold auf der
Fürstenstraße in
Hohenschwangau,
um 1905

Prinzregent Luitpold

Nach Ludwig II. verbrachte auch Prinzregent Luitpold viel Zeit in Hohenschwangau und seiner Umgebung. Er war ein
begeisterter und erfolgreicher Jäger, der
häufig in seinem Namen zu großen Jagden
in den Hohenschwangauer Bergen einlud.

Hotel Alpenrose um 1900

Das Museum

Durch die Anwesenheit der bayerischen Könige wuchs die Zahl der adligen und auch nichtadligen Gäste in Hohenschwangau an. Bereits 1890 war es notwendig, das Hotel „Zur Alpenrose" auf 60 Zimmer zu erweitern. Dieses einstige traditionsreiche Grandhotel am Alpsee beherbergt heute das Museum der bayerischen Könige.

Speisesaal des Grandhotels Alpenrose, heute Foyer des Museums der bayerischen Könige, historische Postkarte

Eingang des Museums der bayerischen Könige

Mit zahlreichen Originalexponaten und moderner Museumstechnologie erzählt dieses einzigartige Museum die spannende Geschichte der bayerischen Königsfamilie. Ein Bergstock der Königin Marie, aber auch der letzte erhaltene Alpenrosen-Orden sind nur einige Exponate, die veranschaulichen, wie wichtig Hohenschwangau und das Voralpenland für die Königsfamilie waren. Mit dem großen Panoramafenster ist es gelungen, die atemberaubende Natur mit dem malerischen Blick über den Alpsee in die Berge, die die königliche Familie so liebte und schätzte, in die Ausstellung zu integrieren. So wird dem Gast die Möglichkeit geboten, die Natur – vom Museum aus – auf sich wirken zu lassen.

Saal der Könige mit Nibelungentafelaufsatz im Museum der bayerischen Könige

Panoramafenster im Museum der bayerischen Könige

Die Tegelbergbahn

Bau der Tegelbergbahn

– das Ende eines Dornröschenschlafes

Natur, Kultur und Freizeit erleben

Gestern – heute – morgen

Brigitte Falke

Bergstation

Die Geschichte der Tegelbergbahn 1968 – 2016

Seit den Zeiten König Maximilians II. und später König Ludwigs II. von Bayern ist der „Königswinkel" eine beliebte Gegend für die Sommerfrische.

Naturschutzgebiet „Ammergebirge"

Nachdem 1963 das Gebiet rund um den Tegelberg zum Naturschutzgebiet „Ammergebirge" erklärt wurde, sollte nach Pfronten, Nesselwang und Trauchgau/Buching auch Schwangau eine Seilbahn bekommen. Die treibenden Kräfte für dieses Vorhaben waren unter anderem der Altbürgermeister Pfeiffer von Schwangau und der Erste Bürgermeister von Füssen, Dr. Enzinger. Nach jahrelanger Diskussion und trotz schwerwiegender ökologischer Bedenken erteilte im Mai 1965 das Bayerische Innenministerium die Genehmigung, im Naturschutzgebiet Ammergebirge eine Seilbahn zu bauen.

Gemeinsam mit den Gemeinden, mit privaten Geldgebern – allen voran der Bauunternehmer Dipl.-Ing. Kreiser aus Stuttgart, der wiederum durch seinen Tennisfreund Bruno Settele aus Füssen auf das Vorhaben „Bergbahn in Schwangau" aufmerksam gemacht wurde – und mit der Unterstützung des Landkreises gründete man am 01.10.1965 die Seilbahngesellschaft Tegelbergbahn GmbH & Co. KG.

Seilmontage in luftiger Höhe

Am 20. Juli 1966 war Spatenstich für den Bau der Talstation und es wurde mit dem Aufbau der Materialseilbahn auf den Tegelberg begonnen.

Gebremst wurde das Bauvorhaben von dem sensationellen Fund eines römischen Badehauses direkt an der Talstation. Zahlreiche, gut erhaltene Fresken mit figürlichen Darstellungen, geometrischen Formen und Rankenmotiven wurden freigelegt (jetzt zu bewundern in der Prähistorischen Staatssammlung München).

Nichtsdestotrotz feierte man am 14. Juli 1967 an der Talstation und am 07.10.1967 an der Bergstation Richtfest.

Im August 1967 begann die in Meran ansässige Firma Hölzl, die auch Gesellschafter der Bahn war, mit der Seilbahnmontage und am 24.11.1967 fand die erste inoffizielle Fahrt der weithin sichtbaren roten Kabinen auf den Tegelberg statt.

Am Gründonnerstag, 11. April 1968, gab der damalige Geschäftsführer, Herr Josef Müller, die Tegelbergbahn offiziell für den Publikumsverkehr frei.

Den kirchlichen Segen erhielt die Bahn am 24. Juni 1968 durch Generalvikarprälat Achter.

Die Bahn erfreute sich von Anfang an – vor allem im Sommer – großer Beliebtheit. Schon der herrliche Blick auf das Füssener Land, auf das Alpenvorland und auf die bayerischen und Tiroler Berge ist für die

Besucher ein Erlebnis. Die Bahn erschließt aber auch ein herrliches Wandergebiet in den Ammergauer Bergen.

Bereits im September 1968 konnte der 100.000. Fahrgast gezählt werden und das hat sich bis heute so fortgesetzt.

Das moderne Panorama-Restaurant direkt neben der Bergstation wurde 1969 eröffnet und bietet damals wie heute faszinierende Rundblicke über das Allgäuer und Tiroler Voralpenland.

Mit dem Bau der Tegelbergbahn sollte vor allem der Wintertourismus aktiviert und gesichert werden. In kürzester Zeit wurden der Gipfellift an der Branderschrofenflanke, der Reithlift und Falkenlift im Tal in Betrieb genommen, 1976/77 nahm man die beiden Sessellifte vom Rohrkopf zum Helmerkopf in Betrieb. Im Laufe der Jahre kamen dann noch Bambi- und Adlerlift hinzu.

Im Sommer 1984 ging der langjährige, sehr engagierte, erste Geschäftsführer der Tegelbergbahn, Herr Josef Müller, in den verdienten Ruhestand. Die Nachfolge trat Ing. Franz Bucher im Juli 1984 an.

Die anspruchsvolle Tegelberg-Abfahrt mit 900 m Höhenunterschied hatte „FIS-Standard" und neben vielen kleinen und großen Skirennen wurde 1987 auch die Deutsche Meisterschaft im Riesenslalom mit bekannten Namen wie Markus Wasmeier, Tobias Barnerssoi, Michaela Gerg, Christa

Kinshofer und vielen anderen ausgetragen. 1983 zerstörte nach einem schweren Unwetter eine Mure einen Teil der Hauptabfahrt, die jedoch nach der Sanierung „besser als je zuvor" in die neue Skisaison ging.

Ein weiteres Markenzeichen des Tegelbergs ist der Drachen- und Gleitschirmflug. Bereits 1973/1974 wurden unter anderem von Jos Guggemos, dem späteren Weltmeister, die ersten „heimlichen" Flüge vom Tegelberg unternommen.

Seitdem war der Hausberg der Allgäuer Drachen- und Gleitschirmflieger Schauplatz von Deutschen, Europa- und Weltmeisterschaften.

Die oft guten Flugbedingungen und die herrliche Landschaft ziehen Drachenflieger aus der ganzen Welt an.

Seit Mitte der 80er Jahre teilen sich die Drachenflieger mit den Gleitschirmfliegern

den Himmel. Es ist ein farbenprächtiges Bild, das sich den vielen Zuschauern am Berg bietet. Und der eine oder andere erkennt in diesem Spektakel seine Träume und auch seine Ängste.

Sehr großen Wert legt die Bahn-Gesellschaft auf die Erhaltung der einmaligen Landschaft rund um den Tegelberg. Mit der Einrichtung von Natur- und Kulturpfaden werden dem interessierten Wanderer Einblicke in das Werden dieses Gebirges, die Flora und Fauna sowie das vielfältige Leben und Arbeiten unserer Vorfahren gewährt. Die römischen Ausgrabungen am Tegelberg wurden zusammen mit der Gemeinde und dem Amt für Denkmalschutz konserviert und der Öffentlichkeit zugänglich gemacht.

1973 „heimliche" Flüge vom Tegelberg

1977 Römerbad am Tegelberg konserviert

Werbeplakat aus den Siebzigerjahren.

Sommerrodelbahn

Aber auch Spiel und Spaß haben Einzug gehalten. An der Talstation wurde ein großzügiger Kinderspielplatz eingerichtet und unter der Führung des jetzigen Geschäftsführers, Franz Bucher, 1997 eine der ersten Sommerrodelbahnen im Allgäu gebaut.

Im Jahre 1989/1990 hieß es Abschied nehmen von den „Roten". Die Tegelbergbahn wurde von Grund auf saniert und mit neuer Technologie ausgestattet.

Mit dem Kauf der Doppelsesselbahn Buching-Buchenberg 1974 kam auch die Gemeinde Halblech mit ins Boot der Tegelbergbahn. Das Wander- und Skigebiet Buchenberg mit der 1988 generalsanierten Sesselbahn, dem Hasen- und Spielhahnlift und vor allem der 1999 eröffneten Buchenbergalm ergänzt die Philosophie eines Familien-Ski- und Wanderparadieses perfekt. Die Dritte im Bunde ist seit 1999 die Breitenbergbahn Pfronten GmbH & Co. KG mit dem weitläufigen Ski- und Wandergebiet auf der Hochalpe.

Die Familien-Wintersport-Arena Tegelberg Schwangau mit beschneiten Pisten an Adler- und Reithlift sowie an der Hauptabfahrt vom Rohrkopfsattel bis zum Tal, einer modernen Flutlichtanlage an den Talliften und einer beleuchteten und beschneiten Loipe, die wohl Einmaligkeit auf der Welt besitzt – direkt unterhalb des Märchenschlosses Neuschwanstein gelegen –, wurde im Winter 2005/2006 eröffnet. Dafür wurde die bereits vorhandene mechanische (künstliche) Beschneiung erweitert.

Für die immer beliebtere Sportart des Ski-Tourengehens hat die Tegelbergbahn – auch um den Konflikt mit den Alpin-Skifahrern zu vermeiden – einen Skitouren-Lehrpfad über den Schutzengelweg entlang der Tegelberg Hauptabfahrt eingerichtet. 2010/2011 wurde gemeinsam mit der Gemeinde Schwangau und Bergführern aus der Region das Konzept „Klettersteige am Tegelberg" verwirklicht.

Der familiengerechte „Gelbe-Wand-Steig" ermöglicht es vor allem Anfängern und Kindern, erste Erfahrungen im Klettersteiggehen zu sammeln. Ein neu angelegter Klettersteig-Lehrpfad dient als „roter Faden" für ein modernes Ausbildungskonzept am Berg. Hier werden das richtige Verhalten und richtige Sichern im Klettersteig ebenso angesprochen wie alpine Gefahren.

Der Gelbe-Wand-Steig eignet sich – unter Anleitung professioneller Bergführer – auch hervorragend für „Erlebnis-Pädagogik" und „Therapie-Klettern" – neue Ansätze im Bereich der Jugend- und Sozialarbeit. Wer etwas mehr „Herausforderung" sucht und bereits Klettersteigerfahrung hat, steigt in den mittelschweren „Tegelbergsteig" ein, der im Verlauf der Gelben Wand abzweigt. Und für die erfahrenen Kletterer bietet der anspruchsvolle „Fingersteig" Bergerlebnis pur.

Dramatisch waren die Tage um den 12.08.2011, als ein Gleitschirm-Tandem-

Buchenbergalm, Buchenbergbahn Buching

Bistro und Talstation, Berghaus Allgäu, Bergstation Breitenbergbahn Pfronten

Nachtloipe direkt unterhalb des Märchenschlosses Neuschwanstein

Pilot mit Passagier aufgrund eines Flugfehlers in die Seile der Tegelbergbahn Schwangau flog. Die dadurch ausgelöste Berührung des Rettungsseils mit dem Zugseil stoppte die Bahn automatisch, durch den Schub fuhr die Bahn jedoch noch ca. 20 m weiter. Die Reibungswärme hatte zur Folge, dass sich der Gleitschirm regelrecht in die Seile einschmolz. Die voll besetzten Kabinen mussten von Bergwacht und Polizei evakuiert werden, im Fall der bergseitigen Kabine konnte aufgrund der Dunkelheit und der abendlichen Fallwinde die Evakuierung per Hubschrauber erst am nächsten Morgen erfolgen. Gott sei Dank verlief alles gut und die betroffenen Gäste sind auf Einladung der Geschäftsführung

Nacht-Parallel-Slalom am Reithlift

der Tegelbergbahn im Mai des folgenden Jahres „wieder in den Sattel gestiegen". Bei einem gemeinsam verbrachten Wochenende in Schwangau mit Ausflug auf den Tegelberg wurden die Erlebnisse im August 2011 positiv verarbeitet.

Neben den Natur- und Kulturpfaden „Schutzengelweg" und „Ahornreitweg" hat die Tegelbergbahn 2014/2015 den Panoramaweg „Königsrunde" eröffnet. Der Rundweg von der Bergstation der Tegelbergbahn zum Branderschrofensattel und zurück hat neben spektakulären Ausblicken auch launige Anekdoten über die bayerische Königsfamilie und interessante Einblicke in das Entstehen unserer Gebirge zu bieten.

Am Tegelberg gibt es keinen Stillstand, neben den zahlreichen Neuerungen werden die „Altbestände" den modernen Zeiten angepasst. So wurde das Panorama-Restaurant modernisiert, die Rohrkopfhütte gemeinsam mit der Gemeinde Schwangau

saniert, die Beschneiung durch Erhöhung der Pumpleistung effizienter gemacht – mit großzügiger Unterstützung der drei an der Gesellschaft beteiligten Kommunen Gemeinde Schwangau, Stadt Füssen und Gemeinde Halblech. Die nächste große Herausforderung wird in den Jahren 2016 – 2019 die Generalrevision der Tegelbergbahn sein.

Die Tegelbergbahn ist eingebettet in das soziale und wirtschaftliche Leben des Füssener Landes. Sie begreift sich als Partner der Kommunen, der Wirtschaftreibenden, der Gäste und der einheimischen Bevölkerung. Sie übernimmt aus diesem Grund nicht nur Verantwortung für ihre eigenen Belange, sondern auch für die Wünsche der Gesellschaft. Diese Identifizierung mit dem Füssener Land kommt auch im Logo der Bahn zum Ausdruck: Natur, Kultur, Freizeit. So beteiligte sich die Tegelbergbahn beispielsweise an der Restaurierung der Römersiedlung am Tegelberg. Sie versucht

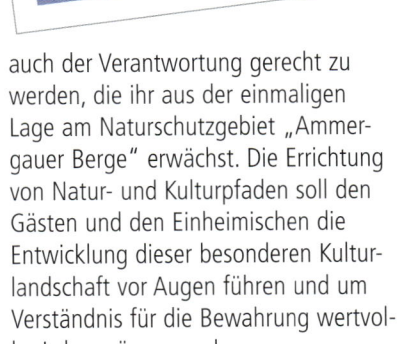

auch der Verantwortung gerecht zu werden, die ihr aus der einmaligen Lage am Naturschutzgebiet „Ammergauer Berge" erwächst. Die Errichtung von Natur- und Kulturpfaden soll den Gästen und den Einheimischen die Entwicklung dieser besonderen Kulturlandschaft vor Augen führen und um Verständnis für die Bewahrung wertvoller Lebensräume werben.

In diesem Sinne will die Tegelbergbahn auch in den kommenden Jahren mit Verantwortung und Augenmaß ihre vielfältigen Aufgaben wahrnehmen.

Natur und Tradition bewahren, dem Gast mit moderner Technologie Komfort und Sicherheit bieten – das hat sich die Tegelbergbahn zur Aufgabe gemacht.

Jährlich erscheinende Bergbahnzeitung

Blick auf den Schwanseepark, auf die Wildflusslandschaft Lech und auf die Stadt Füssen

Drachenflug am Tegelberg

...die ersten Flüge

...Fliegen

Gespräch mit Jos Guggemoos

Jos Guggemos verkörperte wie kein anderer den Drachenflugsport in Deutschland. 1976 verpasste er den Titel haarscharf, 1979 wurde er Weltmeister, siebenmal wurde er Deutscher Meister, mehrmals Bayerischer Meister und Europameister. 1998 holte er mit der Mannschaft in Australien die Vizeweltmeisterschaft. Aber auch als erfolgreicher Hersteller von Drachen hatte er viel bewegt. Seine fliegerische Heimat war der Tegelberg. Hier machte er seine ersten Flüge, hier feierte er Erfolge und hier suchte er die fliegerische Herausforderung. Ein Gespräch mit ihm vor seinem Tode im Jahre 2010 verdeutlicht die Geschichte des Drachenflugsports.

Frage: Jos, an einem schönen Flugtag kreisen wie selbstverständlich Dutzende von Drachen über dem Tegelberg. Kannst du dich noch an die Anfangsjahre des Drachenfliegens erinnern?

Jos: Ja, sehr genau. Mit Freunden sah ich 1973 im Fernsehen den spektakulären Drachenflug von Mike Harker von der Zugspitze. Wir waren begeistert, da wir spürten, dass die Träume von Otto Lilienthal doch nicht abwegig waren. In den 70er Jahren hat ein Mitglied der deutschen Nationalmannschaft im Fallschirmspringen bereits einen Drachen aus Amerika mitgebracht und eigene Drachen gebaut. Wir kauften bei ihm einen Drachen und nach wenigen Übungsflügen flogen wir bereits im Winter 1973/74 heimlich vom Tegelberg. Ich merkte erst später, dass ich in dieser Zeit von einem Bazillus befallen wurde, der weitreichende Folgen hatte.

Frage: Die Starts von der Rampe am Tegelberg verlaufen heute fast alle reibungslos. Wie wurde damals gestartet?

Jos: Es gab keine Rampe. Gestartet werden konnte nur bei gutem Startwind. Und trotzdem war die Latschenberührung mit den Füßen obligatorisch. Ich kann mich noch sehr gut an meinen allerersten Start erinnern. Wahrscheinlich können nur wenige Menschen nachempfinden, was sich in meinem Kopf und in meinem Körper abgespielt hat. Ein Kampf zwischen Angst und Freude, zwischen körperlicher Kraft und weichen Knien. Der furchterregende Blick vom Startplatz zur Landewiese in 900 Meter Tiefe verlor durch den unbändigen Willen zu fliegen etwas von seinem Schrecken. Und dann die erste Erleichterung nach dem Start. Aber der Flug erforderte sofort vollste Konzentration. Nur drei Minuten dauerte der Geradeausflug bis zur Landewiese. Nach der Landung fiel dann die Anspannung und ich erlebte nachhaltig prägende Glücksgefühle. Übrigens Gefühle, die ich auch heute in ähnlicher Form bei den Erstflügen meiner Prototypen, wie dem turmlosen RCS und dem neuen Starrflügler E 7, erleben durfte.

Frage: Ein nur dreiminütiger Flug ist nach heutigen Maßstäben nicht mehr vorstellbar. Wie entwickelte sich die Szene weiter?

Jos: Man flog damals nur gelegentlich. Bei drei Minuten Flugzeit auch verständlich. Aber wir beobachteten die Szene und übten. Da ich vom Segelwettkampfsport kam und dort Boote nach meinen Vorstellungen baute, wurden nun die

Die ersten Starts am Tegelberg: ohne Rampe, ohne Helm, ohne Rettungsschirm...

Die ersten Flüge vom Tegelberg

Drachen optimiert. Fast monatlich gab es neue Bestleistungen: von drei auf dreieinhalb Minuten. 1974 ging es einmal wider Erwarten zwischen Schloss und Tegelberg zwanzig Minuten. Eines Tages überraschte mich Josef Müller, der damalige Geschäftsführer der Tegelbergbahn, am Telefon: „Jos, heute kommt jemand vom Luftfahrt-Bundesamt. Er prüft, ob der Tegelberg zum Drachenfliegen geeignet sei. Hast du Lust, einen ‚Prüfungsflug‘ zu machen?" Natürlich hatte ich Lust. Ich war glücklich, dass ich als Erster offiziell vom Tegelberg fliegen konnte, ohne „Wenn und Aber" und mit Erlaubnis. Noch während des Fluges stellte der Vertreter des Luftfahrt-Bundesamtes fachmännisch fest: „Das hat der nicht zum ersten Mal gemacht!" Bereits 1975 richtete der Verein „Die Allgäuer Drachenflieger" den „Deutschlandpokal" am Tegelberg aus. Rund 5000 begeisterte Zuschauer erlebten den ersten Wettbewerb am Tegelberg.

Frage: Wie wurden damals die Wettkämpfe ausgetragen?

Jos: Aufgrund der kurzen Flüge wurden verschiedene Flugaufgaben gestellt. Der Pilot musste beispielsweise exakt nach zweieinhalb Minuten eine Linie überqueren, dann Vollkreise fliegen und an einem bestimmten Punkt landen. Beim Figuren- Zielflug kam es schon vor, dass ein Pilot zwischenlanden und seinen Drachen an die nächste Kante tragen musste, um schließlich ins Ziel zu gelangen. Es gab mehrere Wertungsdurchgänge und einen Wettkampf Pilot gegen Pilot. Der Zuschauer war hautnah dabei. Es war spannend. Zum letzten Male wurde nach diesem Reglement bei der Weltmeisterschaft 1979 in Grenoble geflogen. Nach zwanzig Wertungsflügen – meist zwei, manchmal sogar drei Durchgänge am Tag – wurde ich damals Weltmeister.

Frage: Jos, in welche markanten Etappen würdest du die Entwicklung des Drachenfliegens am Tegelberg einteilen?

Jos: Rückblickend kann man die Entwicklung in drei Etappen gliedern. Zunächst in die von mir geschilderte Anfangszeit, die „Pionierzeit". Die erste inoffizielle Weltmeisterschaft in Kössen 1975 brachte neue Impulse. Die Amerikaner stellten einen Drachen vor, mit dem man sich lange Zeit in der Luft halten konnte. Eine explosionsartige Entwicklung begann. Ich beispielsweise merkte mir die Maße und die Geometrie dieses Drachens. Schon 1976 baute ich eigene Drachen; zunächst nur für Freunde und für mich. Die Etappe des „Thermikfliegens" begann. Aber noch flogen wir unsere Wettkämpfe rund um den Landeplatz. Dadurch verschliefen wir ein paar Jahre die Entwicklung. Franzosen, Engländer und Australier, die zu dieser Zeit führend waren, öffneten uns einheimischen Piloten die Augen. Sie lösten sich vom Tegelberg und flogen in die Berge. 1978 wurde erstmals von einem einheimischen Piloten Pfronten erreicht. Das Leistungspotential der Drachen hat sich Anfang der 80er-Jahre so gewaltig verbessert, dass seit 1981 beispielsweise die Strecke ins Lechtal nach Bach und zurück oft geflogen wurde. Die Etappe des „Streckenfliegens" war eingeläutet.

Frage: Jos, du bist von Anfang an dabei. Was waren für dich persönlich die fliegerischen Höhepunkte? Und, gestatte mir die Frage, kannst du dir überhaupt noch Höhepunkte vorstellen?

Jos: Sportlich mit Sicherheit die Weltmeisterschaft in Grenoble. Bis zum letzten Flug musste ich um den Weltmeistertitel kämpfen. Auch die Alpenüberquerung vom Tegelberg aus hat sich als großes Erlebnis eingeprägt. Die Idee bestand schon lange. Durch Zufall konnte ich sie Anfang August 1983 verwirklichen. Erst um halb zwei Uhr startete ich am Tegelberg. Über den Säuling ging es zum Hahnenkamm. Das erste Ziel war das obere Lechtal. Aber es ging immer weiter: mit zeitweise 4500 m Höhe, nach St. Anton, Samnaun, ins Engadin zum Malojapass. Um 21.15 Uhr schließlich landete ich am Comer See. Zwei Monate davor ist mein Klubkamerad Helmut Barth ebenfalls vom Tegelberg nach Bozen geflogen.

Kurios war, dass er mit dieser grandiosen Leistung den vereinsinternen Streckenflugpokal in diesem Jahr nicht gewinnen konnte. Dieser Flug freut mich auch deswegen besonders, weil ich hier, wo ich lebe, wo ich fliege, neue fliegerische Dimensionen eröffnen möchte. Ich möchte keinen Weltrekord in Australien fliegen. Die Möglichkeiten bei uns sind bei Weitem noch nicht ausgereizt. Mal sehen, was die Zukunft bringt.

Frage: Was bedeutet dir der Tegelberg?

Jos: Ich schätze den Tegelberg sehr. Er kann sich mit allen Fluggebieten der Welt messen: die grandiose Bergwelt, die für größere Aufgaben anspruchsvollen Flugbedingungen und die unterschiedlichsten Verhältnisse. Es gibt nur ein unlösbares Problem: wir haben für unseren Sport hier zu wenig Sonnentage.

Frage: Jos, stimmt es, dass am Tegelberg Sportgeschichte geschrieben wurde?

Jos: Das stimmt. Die ersten nationalen Wettkämpfe waren am Tegelberg. Viele Wettkämpfe wurden vom Verein „Allgäuer Drachenflieger" am Tegelberg ausgerichtet. Der Tegelberg war für die Drachenflieger ein Kristallisationspunkt. Am Tegelberg wurde trainiert, Neuerungen ausprobiert. Jahrelang hat der Verein „Allgäuer Drachenflieger" die Nationalmannschaft gestellt. Viele deutsche Meisterschaften waren im Grunde

Guggemos-Bullet: Mit diesem Drachen gelang Jos Guggemos die Alpenüberquerung. Deutlich ist der schlanke Flügel zu erkennen. Mit diesem Drachentyp begann das Streckenfliegen.

*Europameisterschaft
am Tegelberg 1977*

alpenland

sportliche Hemden für sportliche Männer

Frage: Seit 1976 baust du erfolgreich Drachen. Was ist deine Philosophie beim Drachenbau?

Jos: Mein Bestreben ist und war immer, ein Vorreiter von Verbesserungen zu sein. Ich möchte Drachen bauen für den Könner, mit denen aber auch Fortgeschrittene sicher und mit Genuss fliegen können. Im Laufe der Jahre kamen unzählige kleine Verbesserungen hinzu. So hatten am Anfang meine Drachen eine größere Streckung als die anderen Hersteller. Die Flügel wurden immer schlanker. Ein Meilenstein war der erste turmlose Drachen mit Gütesiegel, der deutlich mehr Leistung brachte. Im letzten Jahr sind die horizontalen Schwanzflossen dazugekommen, die einen erheblichen Beitrag zur Überschlagsicherheit leisten. Und die neueste Entwicklung ist ein Starrflügler, der bereits das Gütesiegel besitzt und neue fliegerische Dimensionen eröffnen könnte. Neben den notwendigen geschäftlichen Überlegungen beflügelt mich vor allem die Leidenschaft des Fliegens.

Frage: Häufig fragen Zuschauer am Tegelberg die Piloten, ob Drachenfliegen gefährlich sei. Du fliegst seit 25 Jahren. Jos, ist Drachenfliegen gefährlich?

Jos: Eine eindeutige Antwort: „Drachenfliegen ist gefährlich!" Das Gerät ist relativ sicher, aber nur, wenn die Bedingungen passen. Viele Gelegenheitsflieger leben über ihre Verhältnisse. Aber auch viele Vielflieger haben „ihre Erleb-

die Vereinsmeisterschaft der „Allgäuer Drachenflieger". Und noch heute sind erfolgreiche Piloten der Nationalmannschaft wie Bob Baier, Rosi Brams oder ich Mitglied bei den „Allgäuer Drachenfliegern" und der Tegelberg der Hausberg.

nisse" gehabt. In meinem unmittelbaren Be-
kanntenkreis haben fast alle bisher schon einmal
Glück gehabt, viele – einschließlich meiner
Person – haben einen Absturz überlebt. Durch
Unglücksfälle fehlen weltweit die besten Flieger.
Je länger ich fliege, umso größer wird mein
Respekt vor der Natur. Vielleicht ist dies auch
eine Triebfeder, dass meine Flugbegeisterung nun
schon seit mehr als 25 Jahren anhält. Vielleicht
ändere ich mich noch. Aber ich glaube es nicht.
Zu sehr hat mich damals der Flugbazillus erfasst.
Fliegen ist Teil meines Lebens.

Jos Guggemos: „Je länger ich fliege, desto größer wird mein Respekt vor der Natur!"

Winterstart am Tegelberg

Drachen- und Gleitschirmfliegen am Tegelberg

Der Drachenflug begann 1973 mit einem heimlichen Flug – nicht von einer Rampe, sondern mit viel Wind und einigen Berührungen entlang des Hanges. Der Blick hinunter, 900 m weiter unten war der Boden, volle Konzentration und los ging's zu einem ca. drei Minuten langen Flug bis zur Landewiese bei der Talstation.

Im Laufe der Jahre gesellten sich die Gleitschirmflieger zu den Drachenfliegern. Flüge am Tegelberg bieten für alle besondere Erlebnisse: Ein Flug über die Königsschlösser, über die Ammergauer Alpen, ins Alpenvorland oder – die Welt steht offen.

Blick auf den Alpsee und Schwansee,
auf die Gemeinde Schwangau,
die Stadt Füssen und den Forggensee

Kinder
am Tegelberg

– Sport, Spiel und Abenteuer

... Spielen

Immer willkommen sind Kinder am Tegelberg...

Spaß und Geschwindigkeit erleben die Kinder auf der 760 m langen Sommerrodelbahn an der Talstation. Die Kleinen können sich auf dem weitläufigen Spielplatz austoben und für alle ist die Kinderseilbahn da. Kleine „Schumis" können ihre Fahrkünste mit den Mini-Scootern ausprobieren und zukünftige Bergsteiger finden den Einstieg am Informationsgebäude des Bergsportzentrums. Hier ermöglicht die überdachte Trainingsanlage erste Klettersteigversuche. Alternativ kann man Schwindelfreiheit und Balance auch am Kletterfelsen mit Hängebrücke und im Slackline-Parcours ausprobieren.

Nicht zu vergessen, das Erlebnis Wandern – auch und gerade für Kinder ist die Natur etwas Besonderes. Es gibt viel zu entdecken – die klaren, kalten Gebirgsbäche, in denen man die müden Füße kühlen kann; und was gibt es Interessanteres, als den Gämsen beim Steilwandklettern zuzusehen oder zu beobachten, wie ein Steinadler hoch oben seine Kreise zieht. Und vielleicht handelt ja der nächste Aufsatz nach den Ferien von den frechen Dohlen am Gipfelkreuz, die eine amüsante und lautstarke Gesellschaft bei der wohlverdienten Brotzeit waren.

Im Winter gibt es am Tegelberg das ideale Kinder- und Anfänger-Skigebiet an den Talliften. Die Schneesportschule Neumann bietet Kurse ab dem Kindergarten-Alter für Ski- und Snowboard oder Langlauf an. Ein Riesenspaß für die ganz Kleinen ist das Sun-Kid-Förderband im Kinderland.

BERGSPORTZENTRUM TEGELBERG

BERGSPORTZENTRUM TEGELBERG

MOUNTAIN LODGE TEGELBERG

IVBV · BERGFÜHRER · MOUNTAIN GUIDE · GUIDA · GUIDE DE MONTAGNE · IFMGA · UIAGM

Treffpunkt der Bergsteiger

Alpine Beratung

Treffpunkt und **Startpunkt für alle Klettersteigführungen**

Startpunkt des **Skitourenlehrpfades und der Skitourenaufstiegsroute**

Treffpunkt für alle **geführten Schneeschuhtouren und Skitouren**

...das durch das Bayerische Staatsministerium und ELER geförderte Bergsportzentrum
ist Anlaufpunkt für Bergsportbegeisterte und solche, die es werden wollen...

BERGSPORTZENTRUM TEGELBERG

KLETTERN

Klettersteige
Bergsteigen
Führungstouren
Ausbildungskurse

Notfall / Emergenza / Emergency / Urgence:

Notruf   Telefon **112**

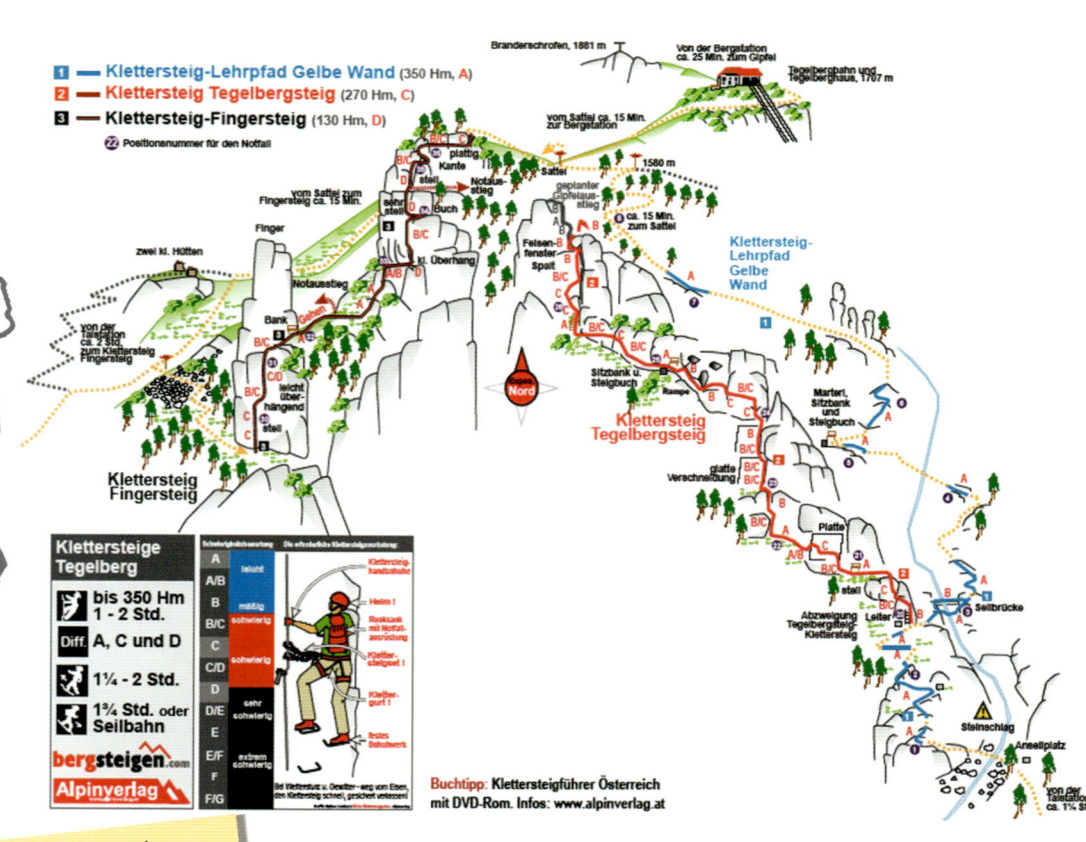

1 Klettersteig-Lehrpfad Gelbe Wand (350 Hm, A)
2 Klettersteig Tegelbergsteig (270 Hm, C)
3 Klettersteig-Fingersteig (130 Hm, D)
22 Positionsnummer für den Notfall

Klettersteige Tegelberg
bis 350 Hm
1 - 2 Std.
Diff. A, C und D
1¼ - 2 Std.
1¾ Std. oder Seilbahn

bergsteigen.com
Alpinverlag

Buchtipp: Klettersteigführer Österreich
mit DVD-Rom. Infos: www.alpinverlag.at

Bergstation 1730 m

FINGERSTEIG (D)

TEGELBERGSTEIG (C)

Tegelbergbahn
Schwangau

GELBE WAND
STEIG (A)

In der Gelben Wand entlang des Torschrofens haben vor allem Kinder viel Spaß am Klettersteiggehen.

Das Bergsportzentrum am Tegelberg in Schwangau bietet ambitionierten Bergsteigern, Kletterern und Klettersteiggehern eine Vielfalt von Bergsportmöglichkeiten. Neben unterschiedlich schweren Wanderwegen gibt es Alpinkletterrouten und die im Sommer 2011 durch die Gemeinde Schwangau eröffneten oder sanierten Klettersteige in den Nordwänden des Tegelbergs. Die Klettersteige gliedern sich in unterschiedliche Schwierigkeitsstufen. So ist der Familienklettersteig Gelbe Wand (Schwierigkeit A) als leichter Klettersteig mit Lehrpfad für Familien und Einsteiger gedacht. Hier können ebenso pädagogische Maßnahmen in Gruppen durchgeführt werden. Der Tegelbergsteig (Schwierigkeit C) ist ein anspruchsvoller Eisenweg für erfahrene Klettersteiggeher durch die Nordwand des Gelbewandschrofens. Für die sportlich ambitionierten Klettersteiggeher wurde der Fingersteig (Schwierigkeit D) angelegt, der sich rund um den Finger hinauf über die Täfelewand zum Täfelesattel erstreckt.

Zahlreiche Wanderwege um und auf den Tegelberg sowie hinein ins Ammergebirge ergänzen die Bergsportmöglichkeiten.

Infozentrum / Mountain Lodge

Die Mountain Lodge als Infozentrum im Tal dient der alpinen Beratung und ist Treffpunkt für alle Kursangebote des Bergsportzentrums am Tegelberg. Die Bergführer der Region kommen hier zusammen, um ihre Ausbildungskurse zu starten. Ergänzt wird der Talbereich durch ein Trainingselement mit Kletterwand und Kletterfelsen.

Der Tegelberg ist nicht nur ein Wander- und Flugberg, sondern wurde 2010 um das Bergsportzentrum erweitert. Hier finden Alpinsportler die Möglichkeit, sich auf unterschiedlich schweren Klettersteigen über Eisenleitern und Drahtseilwege durch die senkrechten Felswände des Gelbewandschrofens oder der Täfelewand zu bewegen. Aber auch die Alpinkletterer kommen am nahe gelegenen Spitzigschröfle nicht zu kurz.

Sicherheitsinformationen

Begehe eine Klettertour nur, wenn du die notwendigen Kenntnisse und eine gute Kondition hast, trittsicher und schwindelfrei bist.

Folgende Punkte gilt es speziell zu beachten:

- nur bei stabiler Wetterlage einsteigen
- eine zweckmäßige Ausrüstung ist erforderlich
- achte auf andere Leute und löse keinen Steinschlag aus
- immer nur entlang der Seile gehen (Steinschlaggefahr)
- bitte melde Schäden bei der Tegelbergbahn Schwangau ☎ 08362/98360
- respektiere Flora und Fauna
- hinterlasse keinen Abfall
- Versicherungsschutz ist Sache jedes Einzelnen

BERGSPORTZENTRUM TEGELBERG

Klettersteiglehrpfad **Gelbe Wand**

Der Klettersteiglehrpfad führt durch die Gelbe Wand und folgt dem alten „Gelbe-Wand-Steig". Der Anstieg erfolgt zu Beginn über Platten und schlängelt sich dann durch eine markante Schlucht zwischen Torschrofen und Gelbewandschrofen. Immer wieder machen sich herrliche Tiefblicke auf und das Alpenvorland liegt mit seinen Seen zu Füßen des Bergsteigers. Besonders für Familien geeignet, die hier das Klettersteiggehen vertiefen möchten. Mit zusätzlichen Lehrtafeln wird auf das richtige Begehen eines Klettersteiges und die notwendige Ausrüstung hingewiesen. An der Stempelstation wird das Begehen dieses als LEICHT kategorisierten Klettersteiges bestätigt.

Steigdaten:

Schwierigkeitsgrad:	A
Wandhöhe:	600 m
Klettersteiglänge	400 m (Drahtseil), immer wieder Gehpassagen
Exposition:	Nord
Zeit für Durchstieg:	2 Stunden

ROUTEN

Die Gehzeiten gelten ab Einstieg.

Achtung!

Unerfahrenen Berggängern und Familien mit Kindern wird die Begleitung eines Bergführers empfohlen.
Die Begehung erfolgt auf eigene Gefahr.
Es wird jede Haftung abgelehnt.

BERGSPORTZENTRUM TEGELBERG

Klettersteig **Tegelbergsteig**

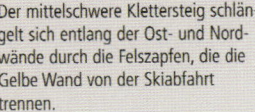

Der mittelschwere Klettersteig schlängelt sich entlang der Ost- und Nordwände durch die Felszapfen, die die Gelbe Wand von der Skiabfahrt trennen.

Der Abzweig befindet sich im Aufstieg zum Klettersteiglehrpfad Gelbe Wand. Durch senkrechte Felswände, über Platten, durch Verschneidungen und über Felsbänder wird der markante Felszapfen des „Gelbewandschrofens" überstiegen.

Steigdaten:

Schwierigkeitsgrad:	C
Wandhöhe:	500 m
Klettersteiglänge:	1000 m
Exposition:	Nord und Ost
Zeit für Durchstieg:	2,5 Stunden
Besonderheit:	Einbahnverkehr

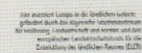   

BERGSPORTZENTRUM TEGELBERG

Klettersteig **Fingersteig**

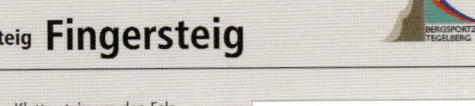

Der schwere Klettersteig um den Felszapfen „Finger" schlängelt sich über die Nordwand, um auf der Westseite auf den Verbindungsgrat zur Täfelewand zu kommen. Die Routenführung durch den Finger wurde mit Rücksicht auf bestehende alte Kletterführen aus den 30er und 40er Jahren so gelegt, dass diese nur einmal gekreuzt werden und ansonsten in ihrer ursprünglichen Form erhalten blieben. Wer aufmerksam ist, wird einige alte Haken der Erstbegeher entdecken. Die senkrecht aufragende Täfelewand erfordert nochmals viel Kraft und verschafft einen beeindruckenden Tiefblick nach Schwangau und ins Ostallgäu. Der Einstieg wird über die Skipiste von der Bergstation im Bereich Fingerschneise nach 30 Minuten erreicht. (Beschilderung)

Steigdaten:

Schwierigkeitsgrad:	D
Wandhöhe:	250 m
Klettersteiglänge:	400 m
Exposition:	Nord und West
Zeit für Durchstieg:	1,5 Stunden
Besonderheit:	Einbahnverkehr, Seilbrücke

WINTERSPORT am

TEGELBERG

NACHTLOIPE

...bietet mit der Kabinenbahn und 4 Schleppliften auf insgesamt 9,0 km präparierten und gut gepflegten Pisten Skispaß für die ganze Familie.

Der sportliche Klassiker – die 4,2 km lange Talabfahrt mit einem Höhenunterschied von 900 m – ist Herausforderung und Genuss zugleich.

Eine moderne Beschneiungsanlage bürgt für Schneesicherheit. Sportliche Augenblicke in märchenhafter Umgebung – das erlebt man beim Nachtskifahren an den Talliften oder beim Langlaufen in der 2,5 km langen Flutlicht-Loipe direkt unterhalb von Schloss Neuschwanstein.

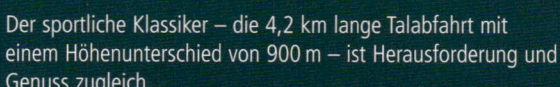

UNTERHALB SCHLOSS NEUSCHWANSTEIN

Der Skitourenlehrpfad am Tegelberg richtet sich an alle Skitourengeher, Schneeschuhgänger und Freerider, die ihr Wissen in Sachen Risikomanagement beim Fahren abseits gesicherter Pisten erweitern, auffrischen oder neu erlernen möchten. An elf Stationen werden die Grundlagen für das risikobewusste Bewegen im winterlichen alpinen Gelände erläutert. Die Hütten auf dem Lehrpfad laden zur gemütlichen Einkehr ein.

Während des Skibetriebs an der Hauptabfahrt finden die Tourengeher bestens gepflegte Skipisten vor.

Unter Anleitung eines Bergführers kann am Berg die Lawinenverschüttetensuche an der mobilen Trainingsanlage von ORTOVOX trainiert werden. Schnelle und zuverlässige Kameradenhilfe kann am Berg Leben retten.

Der LVS-Checkpoint von ORTOVOX im Tal dient der Selbstkontrolle des eigenen LVS-Gerätes.

Ausbildungskurse für Skitourengeher, Schneeschuhgänger und Variantenfahrer bieten die Bergführer der Region an.

Skitouren-Lehrpfad

DAV-Regeln für Skitourengeher auf Skipisten

Skipisten stehen in erster Linie den Nutzern der Seilbahnen und Lifte zur Verfügung!

Es sind die offiziellen Aufstiegsempfehlungen für das Skitourengehen am Tegelberg zu beachten. Donnerstag ist Tourenabend. An allen anderen Tagen ist die Hauptabfahrt ab 17.30 Uhr für Skitourengeher, Wanderer und Skifahrer im Aufstieg und der Abfahrt aus Sicherheitsgründen gesperrt !

1. Aufstiege und Abfahrten erfolgen auf eigenes Risiko und eigene Verantwortung.

2. Aufstiege nur am Pistenrand vornehmen (FIS-Regel Nr. 7). Dabei hintereinander, nicht nebeneinander gehen. Auf den Skibetrieb achten.

3. Besondere Vorsicht vor Kuppen, in Engpassagen, Steilhängen, bei Vereisung und beim Queren der Pisten. Keine Querungen in unübersichtlichen Bereichen.

4. Keinesfalls gesperrte Pisten begehen. Lokale Hinweise und Routenvorgaben beachten.

5. Größte Vorsicht und Rücksichtnahme bei Pistenarbeiten. Bei Einsatz von Seilwinden sind die Skipisten aus Sicherheitsgründen gesperrt. Es besteht Lebensgefahr!

6. Frisch präparierte Skipisten nur in den Randbereichen befahren.

7. Auf alpine Gefahren, insbesondere Lawinengefahr, achten. Keine Skitouren in Skigebieten durchführen, wenn Lawinensprengungen zu erwarten sind.

8. Skitouren nur bei genügend Schnee unternehmen. Schäden an der Pflanzen- und Bodendecke vermeiden.

9. Rücksicht auf Wildtiere nehmen. Bei Dämmerung und Dunkelheit können Tiere empfindlich gestört werden. Hunde nicht auf Skipisten mitnehmen.

10. Regelungen an den Parkplätzen sowie Parkgebühren respektieren. Umweltfreundlich anreisen.

Weitere Tipps unter **www.alpenverein.de**

– SCHNEESCHUH – FREERIDE –

BERGSPORTZENTRUM TEGELBERG

1. Information / LVS-Checkpoint
2. Lawinenlagebericht
3. Verhaltensregeln
4. Naturschutz
5. Lawinen
6. Gehtechnik
7. Die Spuranlage
8. Die Spitzkehre
9. Hangsteilheit / Exposition
10. Die Schneedecke
11. LVS – Suche

ACHTUNG!

- Den ausgeschilderten Aufstiegsrouten folgen
- Kreuzung mit abfahrenden Skifahrern beachten
- Sperrungen wegen Pisten- pflege oder Lawinengefahr beachten

Wanderparadies

Blick vom Straußberg auf das Tegelbergmassiv, Gabelschrofen, Krähe und Hochplatte

Tegelberg – Schwangau – Buchenberg

Drei Wege, um Kultur und Natur
– in einer königlichen Landschaft – zu erleben

Liebe Besucher, Wanderer, Berg- und Naturfreunde!

Sie befinden sich in Bayerns größtem Naturschutzgebiet, dem „Ammergebirge". Für diese großartige Bergwelt hatten schon bayerische Könige eine besondere Vorliebe.

Wir laden Sie ein...

...auf diesen Wanderwegen Interessantes und Wissenswertes über Berge, Wald, Kultur und Geschichte zu erfahren. Dazu haben wir an markanten Punkten Tafeln errichtet, um Sichtbares verständlicher zu machen.

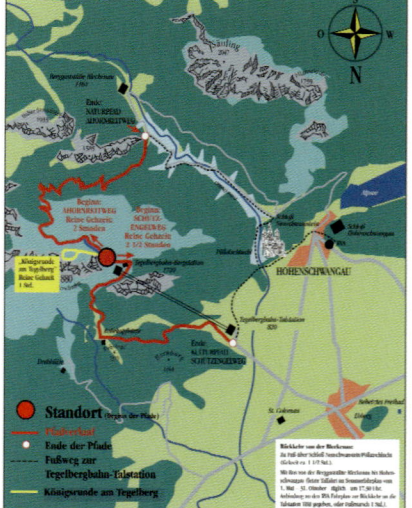

● Standort (Bezug der Pfade)

━━━ Wanderkarte

⬤ Ende der Pfade

‐‐‐‐ Fußweg zur Tegelbergbahn-Talstation

━━━ Königsrunde am Tegelberg

Fürstamt Füssen · Gemeinde Schwangau · Stadt Füssen · Tegelbergbahn Schwangau

Mit dem Naturpfad „Ahornreitweg" (Alpiner Weg, reine Gehzeit 2 Std. bis zur Bleckenau, 700 Höhenmeter) führen wir Sie hinunter zur Bleckenau. Sie erfahren Überraschendes und Wissenswertes über diese Themen:

● Diese Berge scheinen...
● Ein Kampf...
● Im Aufwind...
● Die Geburt...
● Dicke Luft...
● Hoch zu Roß...
● Einsiedler...
● Kleiner Käfer...
● Totholz...
● HIFI und High-Tech...
● Kaltblütige...
● Extremkletterer...
● Vom Märchenwald...
● Fichten in Reihe...
● Geschichten aus...

KÖNIGSRUNDE AM TEGELBERG

Auf diesem Panoramaweg (Alpiner Rundweg, reine Gehzeit 1 Std.) führen wir Sie vorbei an folgenden Stationen:

● „Königsblick" Tiefblick Grüble Alpenvorland
● „Königsloge" Aussichtskanzel „Alpenrosenorden"
● „Viscope" auf der Branderschrofen-schulter

Auf unserem Kulturpfad „Schutzengelweg" (Alpiner Weg, reine Gehzeit 2 Std., 900 Höhenmeter) führen wir Sie zur Talstation. Es erwarten Sie spannende und interessante Themen:

● Georama...
● Als das Eis verschwand, kam das Leben
● Der Bergwald – ein Bollwerk
● Bayern, Hohenschwangau und die Königs-familie
● Der Bergrutsch...
● Der Wetzstein – ein Bodenschatz aus dem Meer
● Heimische Marmore...
● Landwirtschaft...
● Ein römischer Gutshof
● Die Römer am Tegelberg

Wir wünschen Ihnen einen erlebnisreichen Tag!

Drei Wege, der Kulturpfad „Schutzengel-weg", der Naturpfad „Ahornreitweg" und die „Königsrunde" laden Sie ein, Interessantes und Wissenswertes über die Geologie, die Eiszeiten, die Natur, die Kultur und die Geschichte zu erfahren.

An markanten Punkten wurden Schautafeln errichtet, um an Ort und Stelle Sichtbares verständlicher zu machen. Der Kulturpfad „Schutzengelweg" versucht einen Bogen zu spannen von den steinzeitlichen Jägern bis in die heutige Zeit. Dabei spielen die Römer, die Reichs-herrschaft Hohenschwangau und die Königsfamilie genauso eine Rolle wie die wirtschaftlichen Verhältnisse. Der Natur-pfad „Ahornreitweg" informiert über die geologischen und ökologischen Zusam-menhänge, über den Bergwald sowie sei-ne besondere Geschichte. Eine Wanderung auf diesem Weg kann dem aufmerksamen Naturfreund viele hautnahe Einblicke in die natürlichen Besonderheiten dieses alpinen Lebensraumes eröffnen. Und er bewegt sich auf einem historischen Pfad. Wie zahlreiche andere heutige Wander-wege im Ammergebirge, ließ König Max II. diesen Weg um das Jahr 1850 anlegen. Er diente dazu, rasch und angenehm auf Reitpferden in das damals königliche Jagdrevier und zum königlichen Tegelberg-Jagdhaus zu gelangen. Die „Königsrunde" erinnert an die zahlreichen Aufenthalte der Königsfamilie auf dem Tegelberg.

Mensch und Landschaft sind untrennbar miteinander verbunden. Aus diesem Grunde bilden diese drei Wege eine Einheit. Der Naturpfad „Ahornreitweg" wurde von Mitarbeitern des Forstamtes Füssen, die Informationstafeln über die Römer am Tegelberg von Dr. Wolfgang Czysz vom Landesamt für Denkmalpflege und der Kulturpfad „Schutzengelweg" und die „Königsrunde" von Peter Nasemann aus Hohenschwangau gestaltet. Hier wird ein Überblick über die Topographie, die Geologie und die Verhältnisse während der letzten Eiszeit geboten. Wege und Georama sind ein Gemeinschaftswerk der Stadt Füssen, der Gemeinde Schwangau, der Tegelbergbahn und des Forstamtes Füssen. Diese Wege sind ausdrücklich keine Lehrpfade, sondern wollen den Einheimischen und den Gästen eine Anregung geben, „Landschaft in der Landschaft zu entdecken".

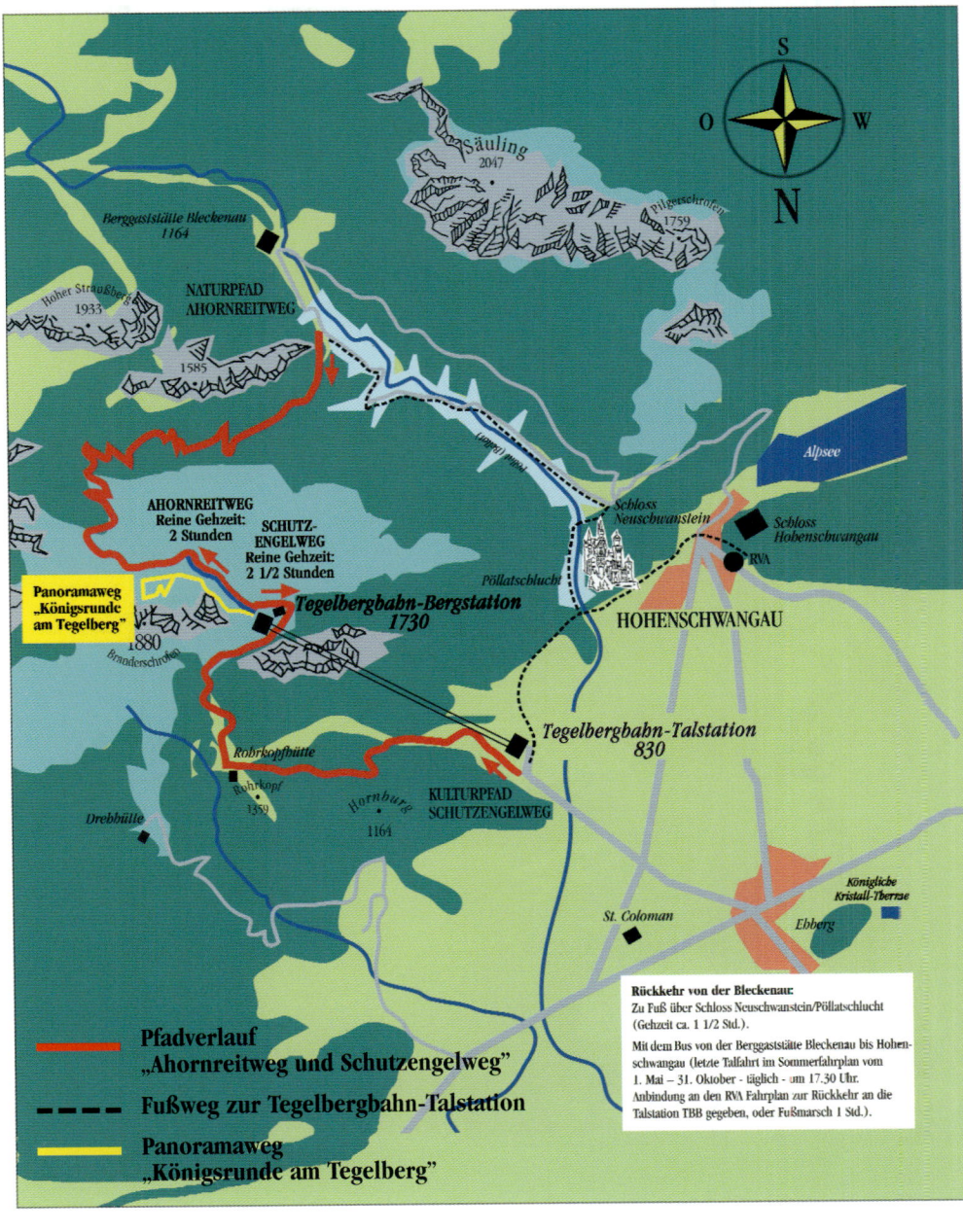

Pfadverlauf
„Ahornreitweg und Schutzengelweg"

- - - - Fußweg zur Tegelbergbahn-Talstation

Panoramaweg
„Königsrunde am Tegelberg"

Rückkehr von der Bleckenau:
Zu Fuß über Schloss Neuschwanstein/Pöllatschlucht (Gehzeit ca. 1 1/2 Std.).
Mit dem Bus von der Berggaststätte Bleckenau bis Hohenschwangau (letzte Talfahrt im Sommerfahrplan vom 1. Mai – 31. Oktober - täglich - um 17.30 Uhr. Anbindung an den RVA Fahrplan zur Rückkehr an die Talstation TBB gegeben, oder Fußmarsch 1 Std.).

Die Tafeln des Kulturpfades
„Schutzengelweg" ➤

Die Landwirtschaft im Schwangauer Land

Die Landschaft

Die Natur macht es den Schwangauer Bauern seit jeher nicht leicht. Durch die Lage am Gebirge liegt die mittlere Jahrestemperatur bei 6,5°C und die Niederschlagsmenge etwa bei 1360 mm. Auf den eiszeitlichen Ablagerungen bildeten sich nur mittelmäßige Böden. Die herrliche Schwangauer Kulturlandschaft schufen Schwangauer Land- und Forstwirte.

Landwirtschaft in der Reichsherrschaft

Die Landwirtschaft in der Reichsherrschaft Hohenschwangau (1507–1802) war bescheiden. Überwiegend für den Eigenverbrauch wurde Getreide angebaut. Die Wiesen wurden nur einmal im Jahr gemäht, Alpflächen brachten zusätzliches Futter. Pferde- und Rinderzucht waren die Haupteinnahmequelle. Milch und Molkereiprodukte wurden nur für den Eigenbedarf erzeugt. Nebeneinkünfte z.B. aus Holzverkauf oder der Nutzung heimischer Bodenschätze wie Eisenerz, Marmor etc. waren von Bedeutung.

Schwangauer Kartoffeln waren bekannt für ihre gute Qualität.

Das Aufblühen der Allgäuer Milchwirtschaft

Ab Mitte des 19. Jahrhunderts veränderte sich die Landwirtschaft. Neue Käsesorten (z.B.: Limburger und Emmentaler Käse) wur-

den eingeführt. Mit dem Bau der Eisenbahn im Allgäu konnten die Städte beliefert werden. Die Schwangauer Landwirte spezialisierten sich auf Milchwirtschaft, die Kuh als Milchlieferant stand im Mittelpunkt. Um kostengünstig produzieren zu können, wurden Flurbereinigungen durchgeführt, genossenschaftliche Käsküchen gegründet, Flächen kultiviert, die Alpwirtschaft ausgebaut und moderne Maschinen eingesetzt. Viele Schwangauer Bauernsöhne fanden Arbeit in der Industrie oder wanderten aus.

Die Situation heute

Molkereiprodukte aus dem Allgäu sind weltbekannt. Trotz eines hohen Qualitätsstandards und einer beachtlichen Steigerung der Produktivität kämpft die heimische Landwirtschaft ums Überleben. Ein lohnender Ackerbau ist heute nicht mehr möglich. Wie in den vergangenen Jahrhunderten sind fast alle landwirtschaftlichen Betriebe

Heuernte war Schwerstarbeit.

auf Nebeneinkünfte angewiesen. Ein Zusatzeinkommen bietet der Fremdenverkehr.

Moderne Allgäuer Braunviehkuh „Birke", geb. 1986, 9 Kälber, Jahresdurchschnitt 9043 kg Milch mit 379 kg Fett.

Ungewisse Zukunft

Die Attraktivität dieser weltbekannten Urlaubsregion wird fast ausschließlich von der herrlichen Landschaft bestimmt. Der Blick von hier auf die Schwangauer Flur macht die harmonische Verbindung vieler Einzelelemente deutlich: die Majestät der Berge, die prächtigen Bergwälder und Seen, die kleinstrukturierte bäuerliche Flur, die Schlösser, die heimeligen Ortsbilder und das verantwortungsbewusste Wirken der hier wohnenden Menschen. Die einheimische Landwirtschaft spielt bei der Erhaltung und Pflege dieser Kulturlandschaft eine entscheidende Rolle. Was bringt die Zukunft?

Forstamt Füssen · Gemeinde Schwangau · Stadt Füssen · Tegelbergbahn Schwangau

Peter Nasemann

Heimische „Marmore"
– prächtige Bausteine aus dem tropischen Allgäu

Marmorsteine aus verschiedenen Zeitepochen des Erdmittelalters (vor 240-65 Millionen Jahren) wurden in Füssen und Schwangau abgebaut.

Feinkörniger Kalkschlamm lagerte sich in einem flachen, ruhigen Meer ab (vor rund 225 Millionen Jahren). Daraus wurde ein wertvoller Naturstein, der **Alterschrofener Marmor.**

Im tropischen Meer der Jurazeit (vor rund 208 Millionen Jahren) bildete sich der berühmte **Farbmarmor,** der über Jahrhunderte abgebaut wurde.

In der Kreidezeit (vor rund 97 Millionen Jahren) wurde der kantige Gesteinsschutt mit dunkelroter, mergeliger Grundmasse zusammengepresst. Dieser Stein wurde als dekorativer **Benkener Marmor** seit der Römerzeit gebrochen.

Die leuchtende Außenfassade von Schloss Neuschwanstein besteht aus Alterschrofener Marmor von den Steinbrüchen im Schwanseepark.

Forstamt Füssen - Gemeinde Schwangau - Stadt Füssen

Marmorabbau im Wandel der Jahrhunderte

Nur epochenweise herrschte in den Steinbrüchen Hochkonjunktur. Bereits die Römer verarbeiteten Marmor aus der Füssener Gegend. Im 16. Jahrhundert erlangte der rote „Marmor" wiederum eine Blütezeit. Zu Beginn des 18. Jahrhunderts erkannten die Baumeister des „Lechtaler Barocks" die Schönheit der heimatlichen Gesteine. Nach dem 2. Weltkrieg wurde in Schwangau durch Flüchtlinge aus dem Sudetenland die Marmorverarbeitung kurzzeitig wiederbelebt. Seit rund vierzig Jahren aber spielt der Marmorabbau keine Rolle mehr.

Marmorsäge am Ausgang der Pöllatschlucht

Steine aus dem Füssener Land – überall in Süddeutschland

Zahlreiche Altäre, Grabplatten, Säulen oder Erinnerungstafeln im ganzen süddeutschen Raum belegen die große Bedeutung des Marmorabbaus. Der Marmor aus den Steinbrüchen in Hohenschwangau galt „als der qualitativ beste und feinste, den es in Bayern gab". Der Abbau konnte aber offensichtlich auf Dauer nicht rentabel gestaltet werden.

Marmorsteinbrüche im Füssener Land

Neben dieser Tafel
befinden sich Marmor-Exemplare aus unserer Gegend.

Entdecken Sie selbst!

Peter Nasemann

Der Wetzstein – ein Bodenschatz aus dem Meer

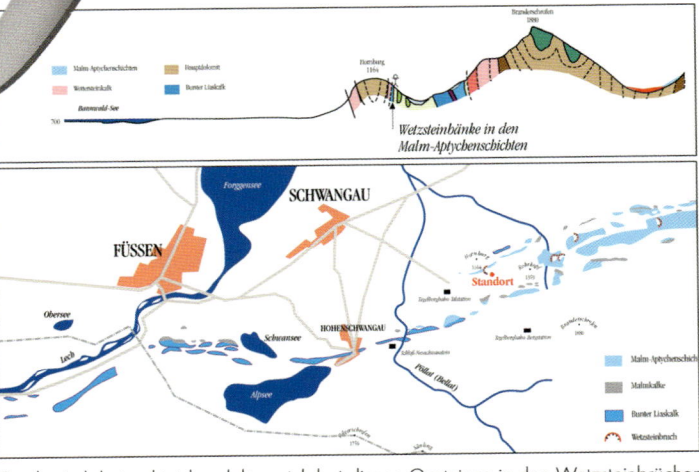

Wetzsteinbänke in den
Malm-Aptychenschichten

Mühsam, aber doch lohnend

Dieser Wetzsteinbruch ist einer der vielen, die in unwegsamem Gelände, meist in ca. 1200 m Höhe, zwischen Unterammergau und Schwangau betrieben wurden. Der Abbau mit Brecheisen entlang der Ausstreichlinie der Schichten war mühsam und lebensgefährlich. Die für die Wetzsteinherstellung tauglichen Steine mussten dann mit den Händen zusammengetragen, behauen und schließlich in Wetzsteinmühlen bearbeitet werden.

Geologisch betrachtet, handelt es sich bei diesen Gesteinen in den Wetzsteinbrüchen um dünnbankige, kieselige Kalke der „Malm-Aptychenschichten". Diese Schichten entstanden vor rund 145 Millionen Jahren (Jurazeit) aus Ablagerungen in einem sehr tiefen, tropischen Schelfmeer.

Ein kleines Lebewesen mit scharfer Wirkung

Verantwortlich für die „schleifende Wirkung" der Wetzsteine sind einzellige Lebewesen, die sog. Radiolarien. Die kieseligen Skelette der Radiolarien wurden als Bestandteil des Planktons am Meeresboden abgelagert.

Der Härteunterschied ist das Entscheidende

Die im Kalkschlamm eingebetteten Skelette der Radiolarien liegen heute als winzige Quarzkörnchen vor. Diese extrem harten Quarzkörnchen sind in das weichere Kalkgestein eingelagert. Darauf beruht die vorzügliche Eignung der Wetzsteine zum Schärfen von Metall.

Nebenerwerb einst und heute

Für die Schwangauer Wirtschaft spielte seit Ende des 18. Jahrhunderts bis zum 2. Weltkrieg die Herstellung von Wetzsteinen aufgrund der bescheidenen Erwerbsmöglichkeiten – vor allem auch in der Landwirtschaft – eine große Rolle. Die meisten Bauern mussten sich damals durch einen Nebenerwerb ihr Auskommen sichern. Auch heute noch sind viele Bauern auf Nebenerwerb angewiesen. Allerdings haben sich die Voraussetzungen in der relativ kurzen Zeit gewaltig geändert.

Forstamt Füssen · Gemeinde Schwangau · Stadt Füssen · Tegelbergbahn Schwangau

Der Bergrutsch am Rohrkopf

Mit der Entstehung eines Gebirges beginnt seine Zerstörung

Berg- und Felsstürze, Bergrutsche und Muren sind in allen Gebirgen der Welt anzutreffen. Berge liegen in der „Kampfzone". Sie kämpfen etwa mit den Auswirkungen des Klimas, der Schwerkraft, der Eiszeiten, von Erdbeben oder auch mit den Folgen des menschlichen Wirtschaftens. Gerade in den Hohenschwangauer Bergen sind nach der letzten Eiszeit zahlreiche Berg- und Felsstürze zu Tal gedonnert. In den vergangenen Jahrhunderten klagten immer wieder die Bewohner über Bergrutsche und Muren.

Das Ereignis

Allgäuer
Füs
Seit 1838 Heimatzeit

Schwangau
Bergrutsch am Rohrkopf
Am 30. August 1975 rutschten 15–20 m mächtige Gesteinsmassen an der Westseite des Rohrkopfes ab. Der rund 70 m breite Rutschkörper riß ca. 4 ha Hochwald mit sich. In der Folge ergoß sich durch das Tobel des Lenkerskopfgrabens eine 800 m lange Mure. Diese verwüstete die am Tobelausgang liegenden Felder Schwangauer Bauern.

Die Ursache

Durch die Schneeschmelze und die überdurchschnittlich hohen Starkregenfälle Tage vor dem Bergrutsch erreichten die Kluftwasserdrucke einen kritischen Punkt.

Forstamt Füssen – Gemeinde Schwangau – Stadt Füssen – Tegelbergbahn Schwangau

Die Gesteinsschichten rutschten auf einer Gleitfläche (Harnisch) en bloc in den Talgrund. Für die nötige Schmierung sorgten wasserstauende Horizonte mit Mergellagen und Tonbänken.

Gleitfläche

Mergellagen
Tonbänke

Standort

Der Mensch weiß sich zu helfen

Durch technische und biologische Maßnahmen hat das Wasserwirtschaftsamt Kempten das rund 4,3 ha große Rutschgebiet stabilisiert. Um weitere Murenabgänge zu vermeiden, wurde am Tobelbeginn eine 9 m hohe Stützsperre gebaut. Der Hauptursache der Rutschvorgänge, der „Bewässerung" der geologisch bedingten Gleit- und Fließschuttmassen, wurde durch die Fassung der Quellen und durch die Ableitung des Wassers begegnet. Die wirkungsvollste Maßnahme war aber die Neubepflanzung des gesamten Gebietes. Insgesamt 55 000 Grau- und Weißerlen, Ebereschen, Bergahorne, Rotbuchen oder Schwarzkiefern sollen den labilen Untergrund sichern. Um die edleren Laubhölzer vor dem Wildverbiss zu schützen, musste das Bergrutschgebiet umzäunt werden.

Was passiert in der Zukunft?

Bayern, Hohenschwangau und die Königsfamilie

Freie Reichsherrschaft Hohenschwangau

Die „Freie Reichsherrschaft Hohenschwan-gau" war seit dem 12. Jahrhundert ein Kleinstaat. Als kleines Reichslehen, im Jahre 1507 von Herzog Albrecht V. erworben, spielte Hohenschwangau in Bayern immer eine besondere, wenn auch keine wichtige Rolle. Füssen, auf der anderen Lechseite gelegen, gehörte zum Hochstift Augsburg. Im Süden lag die Grafschaft Tirol. 1802 fiel das Hochstift Augsburg an Bayern.

König Maximilian II. und Schloss Hohenschwangau

Auf einer Reise in die Alpen lernte Kron-prinz Maximilian von Bayern (1811-1864) im Jahre 1829 zum ersten Mal die Land-schaft um Hohenschwangau kennen. Er war sofort verzaubert von der historischen Burgruine Hohenschwangau und ihrer unvergleichlichen Lage, die seiner romanti-schen Stimmung entsprach. Der junge Kronprinz entschloss sich spontan, die Burg-ruine Hohenschwangau zu kaufen. Er ließ sie nach den Plänen des Architekten und Theatermalers Domenico Quaglio in den Jahren 1832-1836 wieder aufbauen.

Kronprinz Maximilian, der spätere König Maximilian II. von Bayern, hier in einem Gemälde aus dem Jahre 1841 von Lorenzo Quaglio, schätzte Hohenschwan-gau als den Ort, an dem er ungestört sei-nen musischen und wissenschaftlichen Nei-gungen nachgehen konnte.

König Ludwig II. und Schloss Neuschwanstein

König Maximilian II. von Bayern starb 1864. Sein Sohn und Nachfolger, König Ludwig II. (1845-1886), fühlte sich in Hohenschwan-gau besonders wohl.

Sein Herrschaftsideal versuchte er in ehrgei-zigen Bauvorhaben vor romantischer Bergkulisse zu verwirklichen. Nach dem Vorbild der Wartburg ließ er ab 1869 Schloss Neuschwanstein errichten.

In diesem Entwurf für das Schloss Neuschwanstein von Christian Jank aus dem Jahre 1869 erkennt man den Einfluss des Mittelalters auf König Ludwigs Vorstellungen.

Die königliche Familie

Königin Marie, Maximilians Gattin, die Mutter des Märchenkö-nigs Ludwig II., pflegte ausgedehnte Wan-derungen von Hohen-schwangau aus zu unternehmen. Auch mit ihren beiden Söhnen Ludwig und Otto ging sie häufig hinaus in die Natur.
In diesem Gemälde von Lorenzo Quaglio aus dem Jahre 1856

genießen Königin Marie und ihre beiden Söhne, Kronprinz Ludwig, der spätere König Ludwig II., und sein Bruder Otto, den Blick auf das Schloss Hohenschwangau mit dem romantischen Alp- und Schwansee und den Tiroler Bergen.

Genießen auch Sie diesen herrlichen Blick auf die „Königliche Landschaft" und erkunden Sie auf den zahlreichen Wanderwegen die Einmaligkeit ihrer Naturschönheiten und historischen Plätze!

Forstamt Füssen · Gemeinde Schwangau · Stadt Füssen · Tegelbergbahn Schwangau

Der Bergwald

– ein schützendes und lebendiges Bollwerk

Große Teile des Alpenraumes wären ohne das schützende Kleid des Bergwaldes unbewohnbar. In dieser alpinen Kampfzone kann der Mensch den Wald nur behutsam nutzen. Ob Siedlungsbau, Holznutzung, Wegebau oder etwa die Anlage einer Skipiste: immer haben die schützenden Funktionen des Bergwaldes oberste Priorität!

Überschwemmungen, Murenabgänge, Steinschläge und Lawinen würden Siedlungen und Verkehrswege hinwegfegen! Unser Trinkwasser wäre gefährdet! Ein gesunder Bergwald schützt davor.

Trinkwasserspeicher Wald

Rascher, oberflächennaher kräftiger Abfluss!

Langsamer Abfluss (Schwammwirkung)!

Sein humoser und durchwurzelter Boden speichert den Regen wie ein Schwamm. Langsam und gereinigt gibt er das Wasser an Bergbäche und Flüsse ab.

Steinschlag- und Lawinenschutz

Die Masse der Baumstämme versperrt Steinschlägen den Weg ins Tal. Lawinenbildung unterbindet der Bergwald: Ein Teil der Schneemassen verbleibt in den Baumkronen und die Stämme stabilisieren die Schneedecke. Das feinmaschige Wurzelnetz hält den Boden fest im Griff und verhindert die Bildung von Schlammlawinen (Muren).

Bei der Anlage dieses Wanderweges und der Skipiste wurde darauf geachtet, dass die Funktionen dieses Schutzwaldes erhalten bleiben. Allerdings ist hier oberhalb der Skiabfahrt der Bergwald durch Sturm und Borkenkäferbefall großflächig verschwunden.

Durch aufwendige Anpflanzungen – mit Hilfe der Stiftung „Wald in Not" – soll wieder ein funktionstüchtiger und naturnaher Schutzwald entstehen.

Ein starker Beschützer!

Forstamt Füssen - Gemeinde Schwangau - Stadt Füssen - Tegelbergbahn Schwangau

Peter Nasemann und Robert Schendel

Als das Eis verschwand, kam das Leben

 Mindestens sechs Eiszeiten erlebte das Füssener Land in den letzten 2,4 Millionen Jahren.

Das Eis

Noch vor 20 000 Jahren – am Höhepunkt der Würm-Eiszeit (115 000 bis 10 000 Jahre vor heute) – erstreckte sich unterhalb dieses Standortes der rund 600 m mächtige Eispanzer des Lechgletschers etwa 45 km weit ins Alpenvorland. Die Gipfelfluren waren eisfrei. Solche „Inseln im Eis" nennen die Grönländer „Nunatakker". Nur kleine Gletscher konnten sich an den Gipfelhängen des Branderschrofen entwickeln. Die Karmulde des vor Ihnen liegenden „Grüble" ist ein Relikt dieser Zeit.

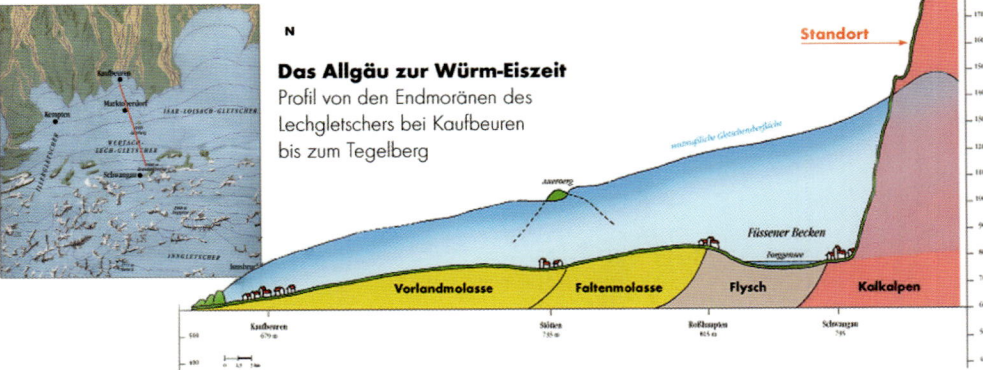

Das Allgäu zur Würm-Eiszeit

Profil von den Endmoränen des Lechgletschers bei Kaufbeuren bis zum Tegelberg

Die Rückkehr des Lebens

Vor etwa 15 000 Jahren begannen die Gletscher, aus dem Alpenvorland in die Hochlagen der Alpen zurückzuschmelzen. Zahlreiche arktische Pflanzen eroberten entlang der Flüsse das vom Eis freigegebene Land. Und mit den Pflanzen kamen die Tiere wie Mammuts, Bären, Rentiere und Vögel. Die Flüsse und Seen waren fischreich. Der Tisch war reich gedeckt.

Der Mensch

Schon vor dem Ende der Eiszeit lebten nomadisierende Jäger in den Sommermonaten im Füssener Land. Ganz in der Nähe – am Weißensee – wurde ein etwa 11 500 Jahre alter Rastplatz mit Steinwerkzeugen aus der jüngsten Altsteinzeit gefunden.

Besonders zahlreich sind Funde von Waffen und Werkzeugen aus der Mittelsteinzeit (10 000 bis 4 000 Jahre vor heute) am Forggensee, Hopfensee und Bannwaldsee. Der größte Fundplatz mittelsteinzeitlicher Jäger in Bayern befindet sich auf Schwangauer Flur.

Zu Beginn der Jungsteinzeit vor etwa 4 000 Jahren wurden die ersten Wälder gerodet, Nutztiere gehalten und Kulturpflanzen angebaut. Da das Klima und die Böden hier ungünstig waren, finden wir aus dieser Zeit nur ganz wenige Hinweise, die auf eine Dauerbesiedelung schließen lassen.

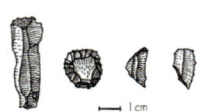

— 1 cm

Steinwerkzeuge aus der Mittelsteinzeit, gefunden im Füssener Becken

Forstamt Füssen · Gemeinde Schwangau · Stadt Füssen · Tegelbergbahn Schwangau

Peter Nasemann

Die Tafeln des
Naturpfades „Ahornreitweg" ➤

Diese Berge scheinen ewig und unverrückbar

– doch ewig ist nur ihr stetiger Wandel.

Die Geburtsstätte der Alpen

Noch vor rund 250 Millionen Jahren bestand die Erde aus einer großen zusammenhängenden Landmasse, dem Urkontinent **Pangäa.** Dieser war von einem weltumspannenden Meer, dem **Urpazifik,** umgeben. Die Gesteine, die heute diese Berge aufbauen, wurden in einer Meeresbucht **(Tethys)** zwischen Afrika und Europa abgelagert, gepresst und schließlich zu einem Gebirge gefaltet.

Tote Steine – ein lebendiges Archiv

Die unterschiedlichen Gesteine, die Sie hier überall finden können, erzählen viel über die verschiedenen Klima- und Lebensbedingungen im längst verschwundenen Tethys-Meer.

So besteht beispielsweise der vor Ihnen liegende Gipfel des Straußbergs aus einem rund 200 Millionen Jahre alten tropischen Riff (Wettersteinkalk). Zu Stein gewordene Überreste zahlloser Lebensgemeinschaften weisen auf die Geschichte des tropischen Allgäus hin.

Seit Bestehen der Berge läuft ein Spiel.

Die gewaltigen Gesteinsmassen, die vom Rande der Hohenschwangauer Berge bis zur Donau abgelagert wurden, beweisen, dass diese Berge einst doppelt so hoch waren wie heute. Es ist ein langer Wettlauf zwischen Entstehen und Vergehen. Zur Zeit behält das Entstehen noch die Oberhand. Aber auch diese Berge werden sich in Jahrmillionen zu einer anmutigen Mittelgebirgslandschaft wandeln.

Ein Blick von hier ins Gebirge lässt deutlich die von Westen nach Osten verlaufenden Gebirgszüge erkennen. Sie sind das Ergebnis eines gewaltigen Naturschauspiels, das durch die Kollision der Kontinente Afrika und Europa (Plattentektonik) vor rund 100 Millionen Jahren begann.

Diese Berge sind alt, doch ihr Aussehen ist jugendlich.

Die Berge werden täglich geformt und gezeichnet von den zerstörerischen Kräften der Erosion: vom Wasser, vom Wind und vom Eis der Gletscher. Sie tragen die Alpen ab, versteilen die Berghänge und modellieren die Täler. Die Kräfte der Erosion sind schließlich die Baumeister dieser „königlichen Landschaft".

Was würden wir in 10 Mill. Jahren sehen?

Forstamt Füssen - Gemeinde Schwangau - Stadt Füssen   - Tegelbergbahn Schwangau

Ein Kampf auf Biegen und Brechen…

…so könnte man das Aufwachsen der jungen Fichten an diesem Berghang bezeichnen.

Der glatte und steile Hang ist dicht mit langhalmigem Gras bewachsen. Jeden Winter gerät auf solch einer Gleitbahn die schwere Schneedecke in Bewegung:

„Gleitschnee" und Schneerutschungen biegen die Bäumchen mit mächtiger Schubkraft nieder oder reißen sie gar mitsamt dem noch schwächlichen Wurzelwerk heraus. Selbst mannshohe Bäume können nach jahrzehntelangem Ringen noch abgeknickt oder herausgehebelt werden.

Nur an geschützten Plätzen, wo die Schneedecke „festgehalten" wird, wachsen die Fichten in kleinen Trupps zu knorrigen Altbäumen heran.

Erkennen Sie die Spuren dieses Kampfes?

Zusammenhalt macht stark!

HALTET ZU-SAMMEN

STOPPT DEN GLEITSCHNEE!

In den steilen Hochlagen, wie hier am Branderfleck, gruppieren sich die Bergfichten zu „Rotten": in solchen Kampfgemeinschaften können sie der Gewalt von Schneemassen und Stürmen besser widerstehen.

Lawinenstriche am Hohen Straußberg
Wo regelmäßig große Schneemassen als Lawinen talwärts stürzen, muss der Wald weichen.

Die Jungfichte versucht sich nach der Schneeschmelze wieder aufzurichten, bergseitig reißt der Gleitschnee die Ästchen ab.

Forstamt Füssen · Gemeinde Schwangau · Stadt Füssen · Tegelbergbahn Schwangau

Robert Schendel

Im Aufwind: Wappenvogel und Fabeltier

Majestätisch und scheinbar schwerelos kreist der Steinadler hoch über den Berggipfeln – dabei entgeht den Adleraugen nichts: Murmeltiere, Schneehasen, Gamskitze müssen sich vor dem fluggewandten Überraschungsjäger in Acht nehmen. Aber auch Fallwild verschmäht er nicht.

Früher wurde er als vermeintlicher Schädling und Konkurrent um Jagdbeute auch im Allgäu bis an den Rand der Ausrottung verfolgt.

Steinadler sind mächtige Greifvögel mit bis zu zwei Meter Flügelspannweite, aber trotz ihrer Größe erstaunlich wendige „Kunstflieger".

Und heute?

Dank wirkungsvollem Schutz hat der Steinadler den Alpenraum wieder vollständig besiedelt!

Als Sinnbild für Kraft und Mut in der Kultur des Menschen verewigt: Steinadler im Tiroler Wappen

Trotz wenig melodischer Stimme ist der Kolkrabe unser größter Singvogel.

Rabenschwarz, klobiger Schnabel und keilförmiger Schwanz, unverwechselbare Stimme:

„Kroak, roarb, glonk..."

Der Kolkrabe

Seine Klugheit und Sprachbegabung wird in vielen Fabeln bezeugt. Vielseitig ist sein Speisezettel: Kleingetier, Pflanzliches, Aas oder Speisereste vom Müllplatz – was im Angebot ist, wird verzehrt. Wie echte Luftakrobaten begeistern die Raben zur Balzzeit mit waghalsigen Luftspielen. Der Alpenraum wurde für die Kolkraben zur „Fluchtburg": Nach langer Verfolgung durch den Menschen breiten sie sich von dort wieder aus, heute unter seinem Schutz.

Forstamt Füssen · Gemeinde Schwangau · Stadt Füssen · Tegelbergbahn Schwangau

Die Geburt dieser Berge

vor rund 100 Millionen Jahren war bereits der Beginn ihres langsamen Sterbens.

Durch dynamische Prozesse werden die Berge umgestaltet. Viele unsichtbare und sichtbare Kräfte wirken zusammen, etwa die Gebirgsbewegung, das Klima, die Verwitterung, die Abtragung und die Ablagerung. In diesem Hang ist Leben.

Recycling am Berg

Durch unterschiedliche Ursachen können Gesteinspakete zerbrechen. Sofort tragen die chemischen und physikalischen Verwitterungsprozesse, unterstützt durch Bakterien und Pflanzenwurzeln, zur weiteren Zerstörung der Gesteine bei.

Der bei Weitem wirksamste Mechanismus ist die Frostsprengung. Gefrierendes Wasser dehnt sich aus und sprengt schließlich das Gestein in unterschiedlich große, eckige Gesteinstrümmer.

Verwitterung und Abtragung sind eng miteinander verbunden. Verwitterte Gesteine werden etwa durch die natürliche Schwerkraft, Fels- oder Bergstürze, Rutschungen, Lawinen sowie Regen- und Schmelzwasser hangabwärts transportiert. Der Wind kann feinere Teile fortblasen.

In der Vergangenheit modellierte das Gletschereis in den verschiedenen Eiszeiten die scharfen, zackigen Grate oder schob größere, vom anstehenden Gestein losgerissene Blöcke ins Tal.

Mediziner am Berg

Eifrig bemühen sich Pflanzen, die Abtragung dieses Hanges zu verlangsamen. Der Säbelwuchs der Fichten, die Elastizität der Latschen und die Genügsamkeit und Cleverness zahlreicher Pionierpflanzen sind bemerkenswert. Sie versuchen, die Wunden zu heilen und den Hang zu stabilisieren.

Werden, Vergehen, Werden – ein immerwährender Kreislauf

Durch den Transport werden die Gesteine weiter zerkleinert. Die reißenden Bergbäche schließlich rollen die Gesteine ins Vorland, wo sie irgendwo und in irgendeiner Größe abgelagert werden. Dort könnten sie in Jahrmillionen, zu Gestein verdichtet, als stolze Berggipfel wieder zeitlos erscheinen.

Silberwurz
Dryas octopetala

Alpen-Leinkraut
Linaria alpina

Alpenrose
Rhododendron hirsutum

Das Spiel beginnt von Neuem!

Forstamt Füssen · Gemeinde Schwangau · Stadt Füssen · Tegelbergbahn Schwangau

Peter Nasemann

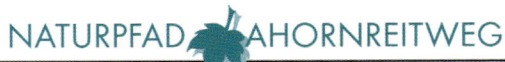

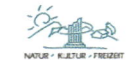

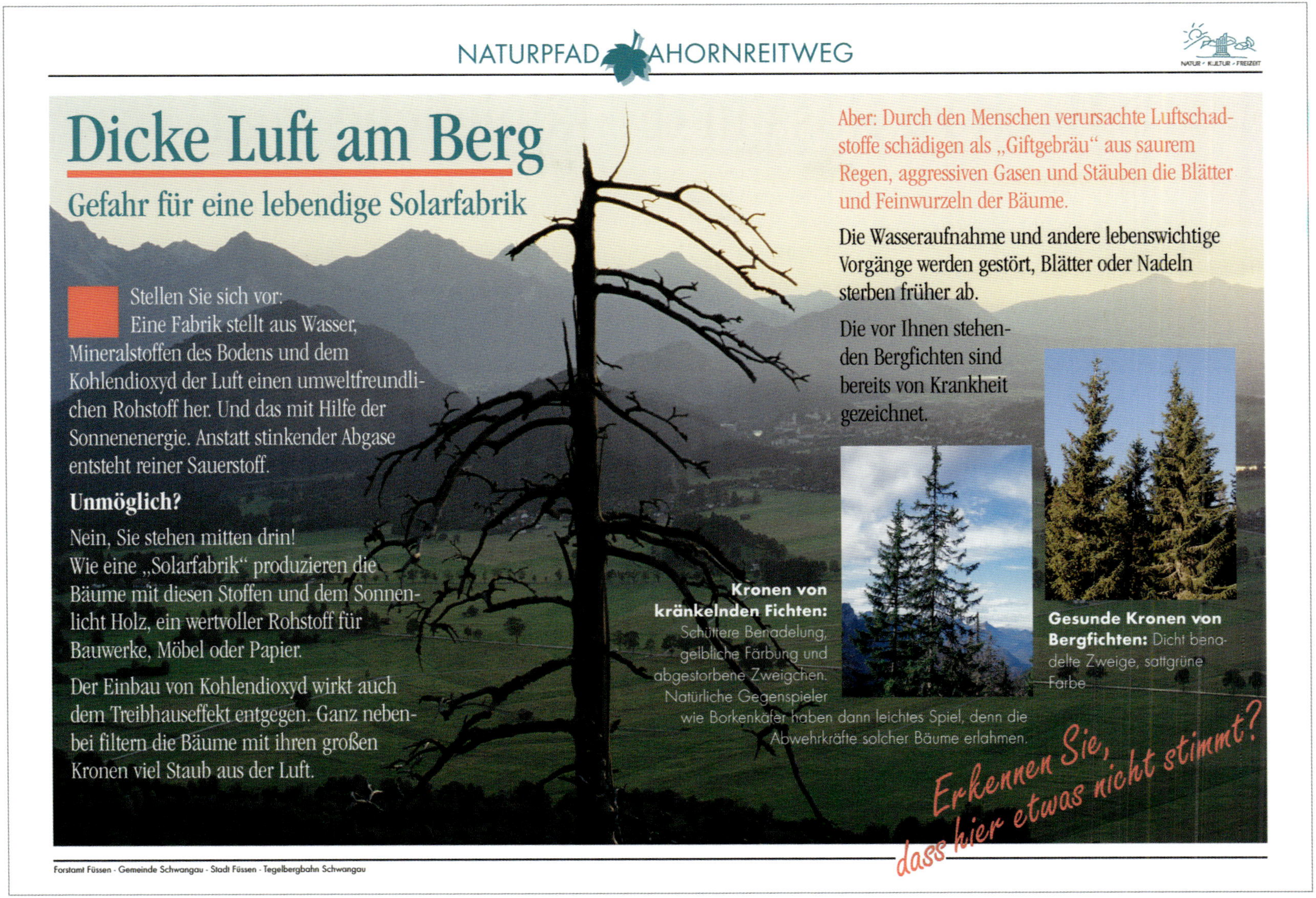
NATURPFAD AHORNREITWEG
NATUR · KULTUR · FREIZEIT
Dicke Luft am Berg
Gefahr für eine lebendige Solarfabrik
Stellen Sie sich vor:
Eine Fabrik stellt aus Wasser, Mineralstoffen des Bodens und dem Kohlendioxyd der Luft einen umweltfreundlichen Rohstoff her. Und das mit Hilfe der Sonnenenergie. Anstatt stinkender Abgase entsteht reiner Sauerstoff.
Unmöglich?
Nein, Sie stehen mitten drin!
Wie eine „Solarfabrik" produzieren die Bäume mit diesen Stoffen und dem Sonnenlicht Holz, ein wertvoller Rohstoff für Bauwerke, Möbel oder Papier.
Der Einbau von Kohlendioxyd wirkt auch dem Treibhauseffekt entgegen. Ganz nebenbei filtern die Bäume mit ihren großen Kronen viel Staub aus der Luft.
Aber: Durch den Menschen verursachte Luftschadstoffe schädigen als „Giftgebräu" aus saurem Regen, aggressiven Gasen und Stäuben die Blätter und Feinwurzeln der Bäume.
Die Wasseraufnahme und andere lebenswichtige Vorgänge werden gestört, Blätter oder Nadeln sterben früher ab.
Die vor Ihnen stehenden Bergfichten sind bereits von Krankheit gezeichnet.
Kronen von kränkelnden Fichten: Schüttere Benadelung, gelbliche Färbung und abgestorbene Zweigchen. Natürliche Gegenspieler wie Borkenkäfer haben dann leichtes Spiel, denn die Abwehrkräfte solcher Bäume erlahmen.
Gesunde Kronen von Bergfichten: Dicht benadelte Zweige, sattgrüne Farbe
Erkennen Sie, dass hier etwas nicht stimmt?
Forstamt Füssen · Gemeinde Schwangau · Stadt Füssen · Tegelbergbahn Schwangau

Hoch zu Ross in die königliche Jagd

Kein Geringerer als Prinzregent Luitpold, hoch zu Roß mitsamt seinem Jagdgefolge, wäre Ihnen wohl vor etwa 100 Jahren auf diesem Weg begegnet!

Auf Geheiß von König Max II. wurde um das Jahr 1850 dieser Weg großzügig und mit gleichmäßig geringer Steigung ausgebaut. So konnten der König und seine Jagdgäste bequem auf Pferden ins königliche Revier und zu den Tegelberg-Jagdhäusern gelangen.

Am Branderfleck (1627 m) befand sich jedoch eine kleine Stallung für die Pferde: Selbst allerhöchste Jagdgäste mussten die restliche Wegstrecke zu Fuß bewältigen.

Weite Teile des Ammergebirges und des angrenzenden Tirols waren von 1838 bis 1918 zum königlichen „Leibgehege" Hohenschwangau vereint. Die meisten heutigen Wanderwege im Ammergebirge wurden in dieser Zeit als **„Reitwege"** und Jagdsteige zu Jagdzwecken angelegt. Auch viele Jagdhäuser wurden erbaut.

König Max II. begegnet Königin Marie während einer prachtvollen Gesellschaftsjagd auf der Alpe Niederstraußberg.

Für die Männer der umliegenden Dörfer bedeutete die Arbeit beim Bau der Reitwege ein dringend benötigtes Zubrot. Denn das Einkommen aus der Landwirtschaft war karg. Auch der Einsatz als Treiber und Wildlieferer bei den aufwendigen Hofjagden wurde entlohnt. Und es war eine Ehre, dabei zu sein.

Forstamt Füssen · Gemeinde Schwangau · Stadt Füssen · Tegelbergbahn Schwangau

Robert Schendel, Karl Diepolder

Einsiedler am Steilhang

Sonderbare Baumgestalten haben sich gerade hier angesiedelt:

Wo sich im Winter oft meterhoch die Schneemassen türmen, haben diese Bergahorne Fuß gefasst. Lawinen haben ihnen einst die Äste abgerissen, Steine und Felsbrocken die Rinde zerfurcht.

Bergahorne können solche Verwundungen gut ausheilen. Die Rinde überwallt rasch Verletzungen, neue Triebe schlagen überall wieder aus. Häufig stehen sie deshalb wie trotzige Einsiedler und Kämpfer an Berghängen gerade dort, wo andere Bäume nicht aufwachsen konnten oder längst vergangen sind.

Bewundernswert ist auch die weite Verbreitung des Bergahorns:

In den großen Flussauen, an schattigen Hängen, im Bergmischwald, und selbst noch an der Baumgrenze im Latschendickicht behauptet er sich erfolgreich.

Bergahorne am Fuß einer Felswand: Sie trotzen Steinschlag, Schneeschub und Lawinen.

„Ernster und tiefer berührte mich der Anblick der Bäume.
Ich sah jeden von ihnen sein abgesondertes Leben führen,
seine besondere Form und Krone bilden
und seine eigenartigen Schatten werfen.

Sie schienen nur, als Einsiedler und Kämpfer,
den Bergen näher verwandt, denn jeder von ihnen,
zumal die höher am Berg stehenden,
hatte seinen stillen, zähen Kampf um Bestand
und Wachstum mit Wind und Wetter und Gestein".

H. Hesse

Kleiner Käfer – große Wirkung!

Auf der Kahlfläche vor Ihnen stand bis zum Jahr 1990 ein prächtiger, geschlossener Bergmischwald mit bis über 200-jährigen Baumriesen.

Was ist hier geschehen?

Gewaltige Frühjahrsstürme in diesem Jahr haben Bäume entwurzelt und kleine Löcher in den Wald gerissen – Startsignal für die Vermehrung eines gerade einmal streichholzkopfgroßen Borkenkäfers:

Der „Buchdrucker"

Hier fanden die Käfer reichlich Brutraum in den vielen sturmgeworfenen Fichten. Und, begünstigt durch die folgenden trockenwarmen Sommer, vermehrten sie sich massenhaft.

Das liegende Sturmholz war rasch gänzlich besiedelt. Um neuen Brutraum zu erobern, bohrten die Käfer nun auch zahlreiche stehende Fichten an, die solch einer Übermacht nicht gewachsen waren.

So war ein Winzling in der Lage, dem Bergwald unübersehbare Wunden beizufügen.

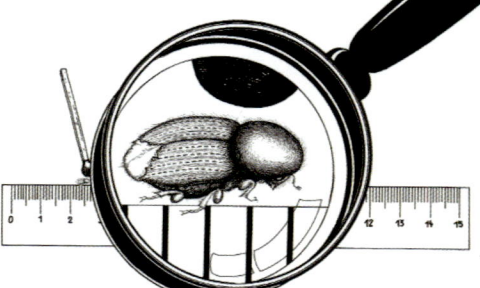

Der Buchdrucker lebt überall dort, wo auch die Fichte wächst. Er gehört zu den Borkenkäfern und ist zu massenhafter Vermehrung fähig. Zum Brutgeschäft bohrt er sich unter die Rinde geschwächter Fichten ein und legt dort seine Eier ab.

Das Fraßbild des Buchdruckers und seiner Larven auf der Innenseite der Fichtenrinde. Es erinnert an die bedruckten Seiten eines Buches - daher rührt der eher harmlose Name, für den Baum aber druckt der Käfer das Todesurteil.

Große Wirkung:
Etwa 250-jährige, vom Buchdrucker befallene und abgestorbene Bergfichten am „Bennaköpfl" im Jahre 1996

Forstamt Füssen · Gemeinde Schwangau · Stadt Füssen · Tegelbergbahn Schwangau

Robert Schendel

Im „Totholz" pulsiert das Leben!

Den Namen „Totholz" verdienen diese abgestorbenen Bergfichten wahrlich nicht – denn in ihnen pulsiert das Leben!

Eine Vielzahl von Pilzen, Bakterien und andere Kleinstlebewesen haben die Stämme besiedelt. Heerscharen holzfressender Larven von Bockkäfern und Holzwespen treiben ihre Gänge hinein.

So ist auch für andere der Tisch reich gedeckt: Schlupfwespen, räuberisch lebende Käfer, Spitzmäuse und Spechte machen Jagd auf diese Larven. Auch Baummarder und Rauhfußkauz finden hier ein lohnendes Jagdrevier.

Ausgediente Spechthöhlen sind begehrte Tagquartiere für Fledermäuse und unentbehrliche Brutstätten für viele Vogelarten.

Der seltene Alpenbock
kann ohne Totholz nicht existieren.

Die jungen Fichten und Tannen
wachsen auf dem vermodernden Holz ihrer Vorfahren heran – der Kreislauf der Natur schließt sich.

Und nicht zuletzt dient das am Boden langsam vermodernde Holz einer neuen Baumgeneration als vorteilhafte Aufwuchsstation!

Überzeugen Sie sich selbst!

Forstamt Füssen · Gemeinde Schwangau · Stadt Füssen · Tegelbergbahn Schwangau

HIFI und High-Tech am Berg?

Nun gut, ein **High-Tech-Handy** ist unser Baumtelefon gerade nicht, dennoch verblüfft es durch seine Funktionalität: Wenn Sie an einem Ende des Baumtelefons klopfen oder kratzen, kann Ihr Begleiter dieses Geräusch am anderen Ende des Stammes erlauschen, er sollte sein Ohr dabei dicht an den Stamm legen.

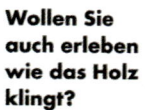

Wollen Sie auch erleben wie das Holz klingt?

Dann versuchen Sie doch einmal unserem Waldxylophon eine Melodie zu entlocken.

Zugegeben, **HIFI-Qualität** konnten Sie wohl nicht erleben, dennoch haben Sie selbst erlebt, welche Klangvielfalt Holz erzeugen kann und welch hohe akustische Leitfähigkeit im Holz steckt.

Kein Wunder, dass viele Musikinstrumente aus Holz gebaut werden.

Besonders gut für den Instrumentenbau eignet sich das langsam gewachsene, feinringige Gebirgsholz aus Fichte und Bergahorn, so wie es in unserem Gebiet zu finden ist (Tonholz). Bereits im 16. Jahrhundert wussten Lauten- und Geigenbauer dieses Holz zu schätzen und gründeten 1562 in Füssen die erste Zunft der Lauten- und Geigenbauer.

Von Füssen ausgehend, zogen viele von ihnen bis nach Italien und Frankreich. Z.T. gründeten sie dort Instrumentenbauschulen wie jene von Lyon, Paris und Venedig. Füssen ist somit, nicht zuletzt wegen des Tonholzes, zur Wiege des europäischen Lauten- und Geigenbaues geworden.

Wenn auch das Geigenbauhandwerk in dieser Gegend im 19. Jahrhundert fast gänzlich verschwunden ist, so gibt es in Füssen seit 1982 wieder Niederlassungen von Geigenbauern, die Holz zum Klingen bringen können, und zwar in HIFI-Qualität.

Rechts: Geigenbauerwerkstatt (Stadtmuseum Füssen)

Forstamt Füssen - Gemeinde Schwangau - Stadt Füssen - Tegelbergbahn Schwangau

„Kaltblütige" und giftige Bergbewohner

Auch kaltblütige Wirbeltiere haben die rauen Alpenhochlagen bis 2000 m Höhe erfolgreich als Lebensraum erobert.

Der Alpensalamander verträgt Sonnenschein und Trockenheit nicht. Als waschechter Lurch liebt er Regenwetter und Morgentau, dann erscheinen die auffälligen Krab-

beltiere oft zahlreich. Salamander sind behäbig und recht furchtlos, denn **Giftdrüsen** an Kopf und Körperseite machen sie für Feinde ungenießbar. Sie selbst bevorzugen langsame Beutetiere: Würmer und Schnecken sind ihre Leibspeise.

Bis zu 8 Monate Winterzeit überdauern Alpensalamander und Kreuzotter in **Kältestarre** in geeigneten Schlupfwinkeln. Statt Eiablage bringen beide Arten im kurzen Alpensommer voll entwickelte Jungtiere zur Welt, denn für eine langwierige Fortpflanzung bleibt keine Zeit.

Der pechschwarze Alpensalamander heißt im Volksmund auch „Dattermännle" oder „Bergmännle".

Kältestarre

"aktive Zeit"

September · August · Juli · Juni

Die Kreuzotter kommt in zwei Farbvarianten vor: braun mit oberseitigem „Zickzack-Band" oder, wie im Alpenraum häufig, ganz schwarz. Die Jungtiere sind zunächst immer braun.

Die Kreuzotter ist durch eine besondere Kälteanpassung in unseren Alpen ebenso zuhause wie noch am nördlichen Polarkreis!

Als wärmehungriges Reptil braucht sie erst ausgiebige Sonnenbäder, um richtig aktiv zu werden. Ausgestattet mit zwei **Giftzähnen** jagt die Schlange nach Mäusen, Eidechsen und Fröschen, welche sie durch Giftbiss tötet.

Dem Menschen geht sie jedoch aus dem Weg und lebt überhaupt sehr versteckt, denn hier oben sind Greifvögel ihre Hauptfeinde.

Bitte zertretet uns nicht!

Forstamt Füssen · Gemeinde Schwangau · Stadt Füssen · Tegelbergbahn Schwangau

Extremkletterer und Sommer-frischler

Perfekt angepasst: Zwei bewegliche Hufhälften mit scharfem Außenrand und weichem Sohlenkern sind ihr ideales Schuhwerk in Fels und Schnee. Ein gedrungener Körperbau und kräftige Beine dazu machen **Gämsen** zu wahren Kletterkünstlern. Der hoch gelegene Bergwald und das Felsrevier sind ganzjährig

ihr Lebensraum, hier können sie auch den härtesten Alpenwinter überdauern: Dichtes Winterfell, Genügsamkeit und Fettreserven machen es möglich.

Bei Gämsen wachsen die Hörner beiden Geschlechtern, der Gamsgeiß und dem Gamsbock. Sie werden nicht abgeworfen, sondern wachsen ein Leben lang weiter.

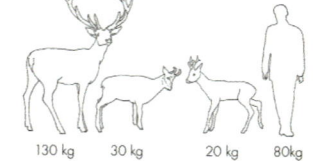

130 kg   30 kg   20 kg   80kg

Größen- und Gewichtsvergleich von Hirsch, Gams, Reh und Mensch.

Urig, aber sensibel: **Rothirsche** sind unsere größten frei lebenden Wildtiere, doch sie sind sehr störungsempfindlich. Deshalb schätzt das Rotwild den Bergwald und die Almwiesen als ruhigen Lebensraum. Früher waren sie dort nur Sommergäste: Zu Beginn des Winters wanderten die Tiere alljährlich hinunter in die Flusstäler – wie die Lechauen –, um Schneemassen und Nahrungsmangel auszuweichen. Aber diese Überwinterungsgebiete sind heute in Stauseen verwandelt oder zu sehr vom Menschen beunruhigt. Darum wurde das Rotwild an Winterfütterungen in Bergnähe gewöhnt.

Augen auf! Fährten von Hirsch und Gams

Nur die männlichen Hirsche tragen ein Geweih. Es wird alljährlich im Spätwinter abgeworfen und wächst in etwa 100 Tagen wieder heran.

Forstamt Füssen · Gemeinde Schwangau · Stadt Füssen · Tegelbergbahn Schwangau

Robert Schendel

Vom „Märchenwald" bis zum Latschendickicht

So ändert sich der Bergwald auf Ihrer Wanderung vom Tal bis auf die Gipfel der Ammergauer Berge:

Den Grund dafür spüren auch Sie: Mit zunehmender Höhe wird das Klima kälter. Die Winter dauern immer länger, für die Bäume verkürzt sich mehr und mehr die Zeit, in der Stoffwechsel und Wachstum möglich sind. Der Wald hat sich diesem Klimawechsel stufenartig angepasst:

1900 m ü.M.

Hier ist das Reich der **Latschenkiefer:** Als strauchförmig wachsende Bäume bilden sie bis etwa 1900 m Höhe oft undurchdringliche Dickichte. Vereinzelt finden sich darin zwergwüchsige Fichten, Vogelbeeren und Bergahorne.

Latschenzone

1700 m ü.M.

Von 1500 bis 1700 m herrscht die robuste und kälteunempfindliche Fichte im **„Subalpinen Fichtenwald"** vor. Nur einzelne Bergahorne und Vogelbeeren begleiten sie noch.

Subalpiner Fichtenwald

1500 m ü.M.

Über 1400 m verabschieden sich zwei kälteempfindliche Baumarten: zunächst die Buche und dann die Tanne.

Vom 800 m hoch gelegenen Tal bis etwa 1500 m Höhe bilden Buche, Fichte und Tanne mit einigen Begleitern (Bergahorn, Bergulme, Sommerlinde, Vogelbeere) die artenreichste Stufe, den **Bergmischwald.**

Bergmischwald

800 m ü.M.

Der herbstlich verfärbte Bergmischwald bildet einen märchenhaft schönen Rahmen für den Alpsee und die Königsschlösser.

Fichte Tanne Buche Ahorn Latsche

Forstamt Füssen · Gemeinde Schwangau · Stadt Füssen · Tegelbergbahn Schwangau

Robert Schendel

Fichten in Reih und Glied

Eigentlich müssten Sie in dieser Höhenlage den bunten Bergmischwald aus Fichten, Tannen, Buchen und Bergahornen bewundern.

Doch dieser reine Fichtenwald ist ein Werk des Menschen:
Die forstliche Bewirtschaftung des Waldes wurde ab dem 19. Jahrhundert zunehmend durch das Streben nach maximalem Gewinn beeinflusst. Der Wald sollte seinem Besitzer größtmöglichen Ertrag durch hohe Holzproduktion bringen.

Für diese Aufgabe schien die einheimische Fichte am besten geeignet; sie ist unempfindlich, wächst rasch, und ihr gerader Stamm liefert viel hochwertiges Sägeholz. Also wurden Fichten auch im Allgäu vermehrt gepflanzt, gesät und gefördert. Mitwachsende Laubbäume und Tannen wurden häufig als unerwünschte Konkurrenten entfernt oder von zu hoch gehegten Wildbeständen bevorzugt gefressen.

Vielerorts entstanden eintönige, dichte, reine Fichtenwälder. Erst Katastrophen und ökologische Erkenntnisse zeigten, dass solche „Monokulturen" nicht dauerhaft bestehen.

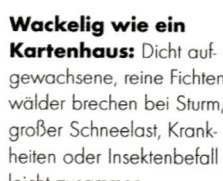

Wackelig wie ein Kartenhaus: Dicht aufgewachsene, reine Fichtenwälder brechen bei Sturm, großer Schneelast, Krankheiten oder Insektenbefall leicht zusammen.

Die Mischung ist stabiler: Im naturnahen Bergmischwald festigen ein tiefer reichendes Wurzelgeflecht und stabilere Baumkronen die Widerstandskraft. Eine höhere Artenvielfalt bremst Krankheiten oder Gegenspieler.

Früher ein gewohntes Bild: nach dem „Kahlschlag" des erntereifen Waldes wurden in Reihen junge Fichten gepflanzt.

Hier ist gut erkennbar, wie Bergmischwald durch forstliche Bewirtschaftung in reinen Fichtenwald umgewandelt wurde. Heute ist man bestrebt, diese Wandlung wieder umzukehren.

Forstamt Füssen · Gemeinde Schwangau · Stadt Füssen · Tegelbergbahn Schwangau

Robert Schendel

NATUR · KULTUR · FREIZEIT

Liebe Besucher!

Hier beginnt oder endet
der Naturpfad **Ahornreitweg.**
Wenn Sie etwas Zeit haben, hören Sie,
was eine alte Bergfichte erzählen könnte.

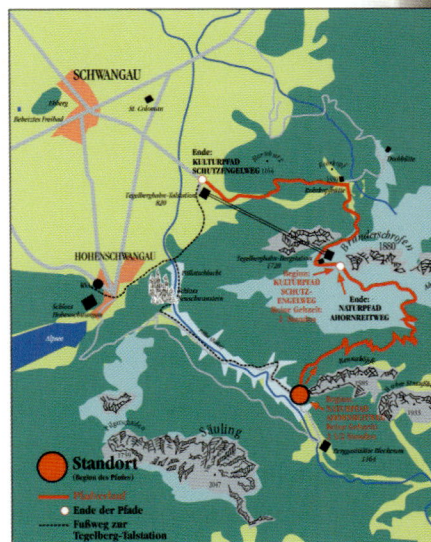

Der Naturpfad Ahornreitweg
führt Sie in etwa 2 1/2 Stunden bis zur
Tegelbergbahn-Bergstation auf rund 1700 m.

Sie erfahren Überraschendes und Wissenswertes über Berge, Wald und Geschichte.

Geschichten aus dem Jahresringkalender

Jahr für Jahr legen Bäume in unserem Klima-
bereich während ihres Wachstums eine neue
Holzschicht um ihren Stamm, die Äste und die Wur-
zeln an. Mit bloßem Auge kann man diese Schichten
als **„Jahresringe"** erkennen. Zählt man sie an einer
Stammscheibe ab, verraten sie uns das Lebensalter
des Baumes. Wie in einem Kalender kann jeder Ring
einer bestimmten Jahreszahl zugeordnet werden.

In abgelegenen Lagen des Ammergebirges findet man
auch heute noch mehr als 400-jährige Bergfichten,
Zeugen längst vergangener Tage. Eine alte Fichte
stand unweit von hier mehr als drei Jahrhunderte auf
einer Alpweide und starb im Jahr 1993 eines natürlichen Todes. Eine Scheibe ihres Stammes kann von
vielen Ereignissen auf den Bergen und im Tal
berichten.

Diese riesige, alte Fichte am Alpsee hat viele Generationen von Menschen kommen und gehen sehen, das ist schon einen ehrfürchtigen Blick wert.

Forstamt Füssen · Gemeinde Schwangau · Stadt Füssen · Tegelbergbahn Schwangau

KÖNIGSRUNDE
AM TEGELBERG

NATURPFAD
AHORNREITWEG

KULTURPFAD
SCHUTZENGELWEG

TEGELBERG DAS WANDERPARADIES

KÖNIGSRUNDE AM TEGELBERG

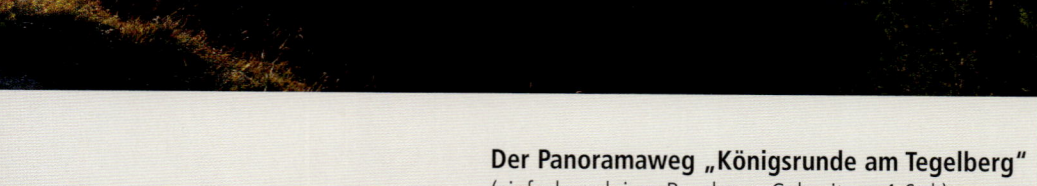

Der Panoramaweg „Königsrunde am Tegelberg"
(einfacher alpiner Rundweg, Gehzeit ca. 1 Std.)

Dieser Weg führt vorbei an folgenden Stationen:

- „Königsblick" Tiefblick Grüble, Alpenvorland

- „Königsloge" Aussichtskanzel, „Alpenrosenorden"

- „Viscope" auf der Branderschrofenschulter

Ein kleiner Spaziergang auf königlichen Pfaden...

← Zur Rohrkopfhütte

NATUR • KULTUR • FREIZEIT

Branderschrofen

Branderschrofenschulter

KÖNIGSRUNDE
AM TEGELBERG

Ort der Besinnung

NATURPFAD
AHORNREITWEG

Zur Bleckenau →

Bergstation
Tegelbergbahn

JLTURPFAD
UTZENGELWEG

Weg zum Ort der Besinnung „Lärchenholzkreuz", 10 Minuten Gehzeit

KÖNIGSRUNDE AM TEGELBERG

König Max II. beeindruckte die landschaftliche Schönheit und geschichtliche Vergangenheit des Füssener und Schwangauer Landes.

Oft bestiegen er, seine Gemahlin Königin Marie und ihre Söhne, Ludwig und Otto, den Tegelberg.

König Ludwig II. residierte in den Sommermonaten regelmäßig im königlichen Jagdhaus am Tegelberg. 1868 schrieb er an seine Erzieherin Sibylle v. Leonrod:

„Nichts ist stärker für Geist und Körper als viel in Gottes freier Natur sich zu bewegen, dort oben auf freier Bergeshöhe ist die Seele dem Schöpfer näher, schöner und erhabener als im Qualm der Städte, wo die Freuden ihren Sitz wahrlich nicht haben."

Die Tegelbergbahn und die Gemeinde Schwangau laden Sie herzlich ein, Freude und Entspannung auf der **„Königsrunde am Tegelberg"** zu erleben.

Die Königsrunde: Wegstrecke ca. 800 m, 70 m Höhenunterschied, einfacher alpiner Pfad

Ort der Besinnung mit Lärchenholzkreuz

Die Eiszeit am Tegelberg

So schön malt nur die Natur – eine Weite, die man kaum fassen kann. An klaren Tagen reicht der Blick vom Aussichtspunkt Grüble weit ins Voralpenland hinein – manche behaupten sogar, die Türme der Münchner Frauenkirche zu sehen...

Mit Glück können Sie auf Ihrer Wanderung Steinböcke beobachten.

Ein königlicher Blick
Die Römer wussten die Lage zu Füßen der Berge z

Wir hoffen, dass Sie mit offenen Augen, Ohr
Vielfalt und Reiz dieser außergewöhnlichen Landscha
die Grundstruktur des Füssen

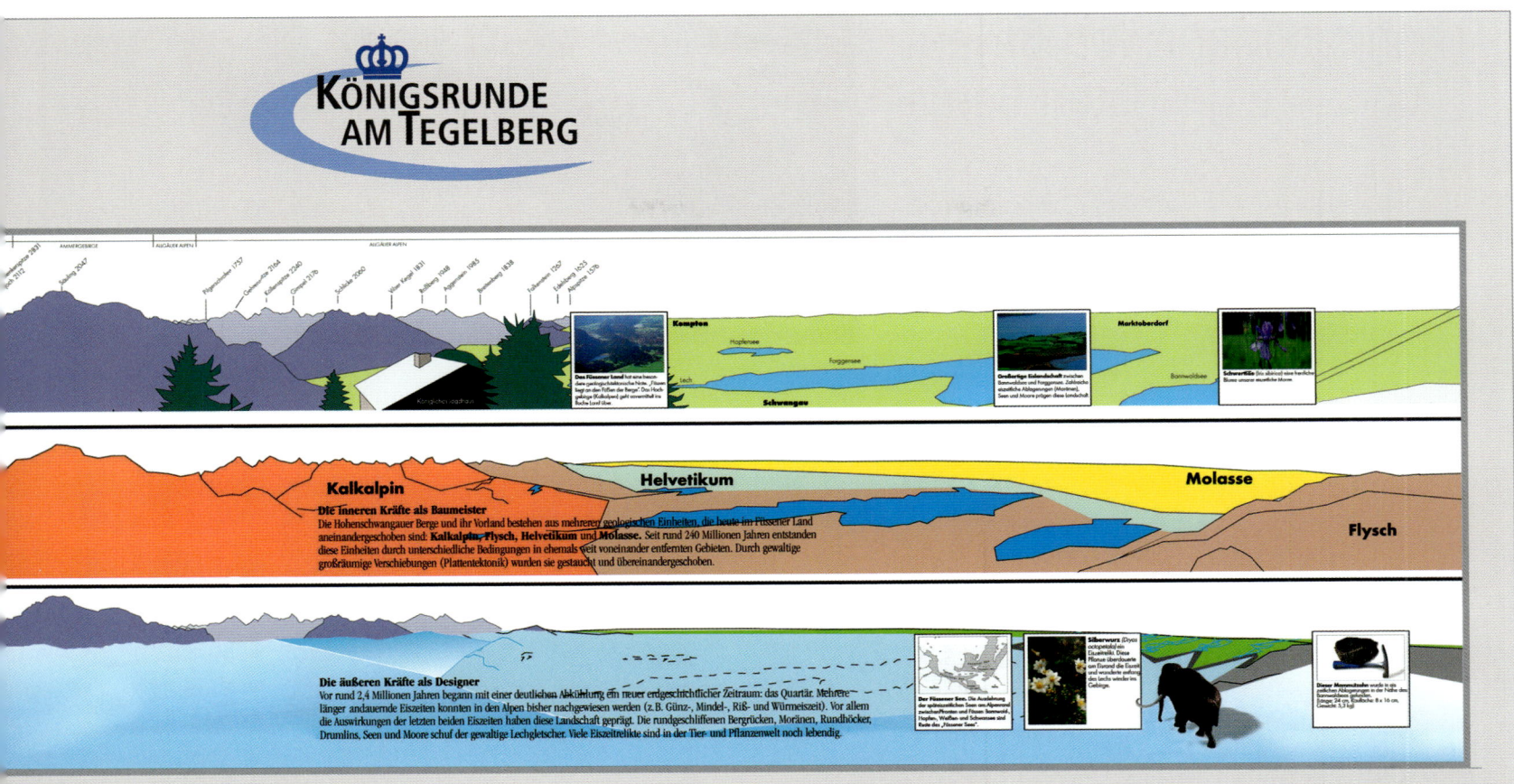

e Vielfalt und der Reiz der vor Ihnen liegenden herrlichen Landschaft werden seit Jahrhunderten gerühmt.

hätzen, Kaiser und Fürstbischöfe verweilten hier und auch die bayerische Königsfamilie mit König Ludwig II. genoss diesen Blick.

nd Herz diese eindrucksvolle Gebirgslandschaft mit dem spektakulär abrupten Übergang ins flache Alpenvorland genießen.

urden vor allem von den inneren und äußeren Kräften der Erde geprägt. Der Aufbau der Erdkruste und die Tektonik bestimmen

andes, gleichsam veredelt wurde es von den Eiszeiten und dem fließenden Wasser – vom Lechgletscher und vom Lech.

Königin Marie von Bayern und ihre geliebten Berge

KÖNIGSRUNDE AM TEGELBERG

Königin Marie von Bayern war eine begeisterte Bergsteigerin.

Vor dieser Aussichtsplattform reihen sich die Berge, die die Königin von Schloss Hohenschwangau aus bestieg: Straußberg, Säuling, Thaneller, Schlicke, Gehrenspitze und Köllenspitze.

Köllenspitze

Die Köllenspitze hieß noch vor rund 150 Jahren „Metzenarsch". Eine „Metz" oder „Matz" war im Dialekt ein weiblicher Hund oder – als Schimpfwort gebraucht – eine käufliche Dame. Die Bauern nannten den Berg „Metzenarsch", da sie mühsam die Steine auf den Alpweiden aufsammeln mussten, die aus seinen gewaltigen Wänden herausgerissen wurden. Als sich die Königin das Bergpanorama erklären ließ, taufte der Bergführer diesen Berg um. Dieser ordinäre Kraftausdruck ziemte sich nicht für eine Königin. Eine große Felswanne mit dem Flurnamen „In der Kelle" gibt nun dem „Metzenarsch" einen anständigen Namen: Köllenspitze.

...eine kurze Rast auf dem Weg zum Gipfel.
Von der Aussichtsplattform an der Königsrunde hat man einen der schönsten Ausblicke über das Voralpenland und die Allgäuer Seen.

Alpenrosenorden

Von hier sehen Sie auch die „Axel", einen Vorberg des Schlickemassivs. Nach einer *„dreimal so erfolgreich ab- gegangenen Axelbesteigung"* gründete Königin Marie diesen Orden. Ihn bekamen nur Personen, die mit der Königinmutter auf der Axel waren. Das einzige noch erhaltene Exemplar dieses Ordens befindet sich im „Museum der bayerischen Könige" in Hohenschwangau.

Königin Marie von Bayern

Die strenge Kleiderordnung für Frauen ließ zu der damaligen Zeit keine sportlich sinnvolle Ausrüstung zu. Die Königin ließ sich ein „Spezialgewand" anfertigen: Unter Ihrem adret- ten Rock trug sie eine lange Hose. Den Rock konnte sie beim Wandern hochschlagen und in „Leggins" luftig und bequem laufen.
(Galvanographie von Leo Schöninger von 1841)

Branderschrofensattel

Das VISCOPE ist ein neuartiges Aussichtsfernrohr, welches gewünschte Informationen wie Berg- und Orts-namen, Weg- und Flurbezeichnungen, Logos und Bilder punktgenau in das Gesichtsfeld des Betrachters bringt.

KÖNIGSRUNDE
AM TEGELBERG

Die Tegelbergalpe – im Wandel der Zeit

Dieser herrliche Aussichtsplatz war einmal die Ausstiegstation eines Skilifts. **Die Skipiste** hätte man aber nur durch technische Eingriffe in die sensible Hochgebirgsnatur für die Skifahrer attraktiv gestalten können. Dies wollten die Verantwortlichen der Bahn und der Gemeinde Schwangau nicht. Deswegen wurde der Skilift schon nach wenigen Jahren wieder abgebaut.

Nach seiner Thronbesteigung am 10. März 1864 besuchte der junge **König Ludwig II.** regelmäßig den Tegelberg. Als ausgezeichneter und kühner Reiter ritt er öfters zum Tegelberghaus. Von diesem führte ihn dann sein Weg hier vorbei zum Gipfel des Branderschrofens.

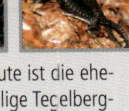

Heute ist die ehemalige Tegelbergalpe ein Blumenparadies und der Lebensraum seltener Hochgebirgsspezialisten. Mit Glück können Sie beispielsweise hier auch Steinböcke oder Steinadler beobachten. Die Königsrunde am Tegelberg führt Sie durch dieses Paradies. Hier ist das **Tor zum Ammergebirge,** dem größten Naturschutzgebiet Bayerns.

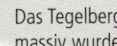

Königlicher Jagdbogen am Tegelberg.

Das Tegelbergmassiv wurde in die **königliche Hofjagd** einbezogen. 1852 errichtete König Max II. das Tegelberghaus als Stützpunkt für die Hochgebirgsjagd. Deswegen verzichteten die Schwangauer Bauern ab 1875 auf die Bewirtschaftung der Alpe. Dafür bezahlte die königliche Verwaltung von 1875 bis 1911 eine jährliche Pacht von 171,45 Mark.

Nach 1911 wurde das Weiderecht nicht mehr ausgeübt. Seither nutzen die Einheimischen und die Gäste die königlichen Reitwege und Pfade. Sie sind von der herrlichen Aussicht auf das bayerische Voralpenland und ins Gebirge begeistert. Durch den **Bau der Bergbahn** im Jahr 1968 können auch weniger bergerfahrene Besucher diese Bergwelt genießen.

Ausgewählte Bergtouren ab der Bergstation der Tegelbergbahn

Gelber Enzian (Gentiana lutea)

1. Königsrunde am Tegelberg (1800 m), Branderschrofengipfel (1881 m)

Zwei hervorragende Aussichtspunkte
Beschildert und markiert
Schulter für jedermann geeignet; Gipfel nur für Schwindelfreie

Von der Bergstation links abzweigen (Tafel). Über das kleine Plateau in eine Latschengasse, auf breitem Weg in mäßiger Steigung zur grasigen Branderschrofenschulter (15 Min.; Sitzbänke).

Nun einige Kehren den Westabhang empor (5 Min.). Der weitere Weg bis zum Gipfel (10 Min.) erfordert Trittsicherheit und Schwindelfreiheit, zum Teil mit Drahtseilen gesichert. Abstieg zur TBB-Bergstation in 20 Min.

Prächtige Alpenblumen wie „Gelber Enzian" oder „Akelei" blühen auf der ehemaligen Tegelbergalpe. Das Ausgangssubstrat dieser satten Bergwiese sind leichtverwitterbare kreidezeitliche Ablagerungen. Bis 1874 wurde das Weiderecht auf der Tegelbergalpe von Schwangauer Bauern ausgeübt.

Alpenrebe (Clematis Alpina)

2. KULTURPFAD „Schutzengelweg"
Normalabstieg über die Rohrkopfhütte

Kürzeste Abstiegswanderung; schöne Fernsicht in den Schlösserwinkel
Beschildert und markiert

Von der Bergstation (Georama) rechts über das Tegelberghaus wird in 5 Minuten ein kleiner Sattel erreicht. Von hier in 5 Min. im Zickzack in einen größeren Sattel hinab; dort rechts abzweigen ins Grüble, tief zu Füßen des Branderschrofens. An der unteren Einsattelung das Grüble halblinks durchqueren und in die Almböden des Ilgmösle hinunter. An seinem linken unteren Ende wird der Rohrkopfsattel erreicht; hier zweigt links die Skihauptabfahrt ab, der man bis hierher gefolgt ist, rechts lädt die Rohrkopfhütte zur gemütlichen Einkehr. Weiter geht es am Rohrkopfsattel halblinks (in Abstiegsrichtung vom Tegelberg gesehen) durch Jungwald auf einen sanften, aussichtsreichen Grat, der im beginnenden Hochwald endet. Ein Rechtsbogen leitet in einen Sattel im Wald, wo geradeaus der Aufstieg zur Hornburg (1165m; 15 Min.) abzweigt. Hier links ab und über einen steilen Grashang und einen kurzen Hohlweg schließlich auf einen Fahrweg und auf ihm zur TBB-Talstation.

Das Tegelberg-Massiv

3. KULTURPFAD „Schutzengelweg"
mit Abstecher zur Drehhütte
(Normalabstieg)

Leichter Abstieg mit Hüttenrast; sehr wechselvolle Szenerien
Beschildert und markiert

Wie bei Route 2 ins Ilgmösle. In seinem oberen Drittel und an seinem unteren Ende beim Rohrkopfsattel befindet sich je eine Abzweigung nach rechts zur Drehhütte (Tafeln; Markierung). Die Drehhütte ist bewirtschaftet (1 Std. ab TBB-Bergstation). Von der Drehhütte breiter Fahrweg über Buchenbichl zum Adlerhorst (40 Min.). Hier scharf links über einen Fußweg zur TBB-Talstation (25 Min.) oder geradeaus auf der Straße nach Mühlberg (45 Min.) oder zu den Campingplätzen am Bannwaldsee (45 Min.). Sowohl von der Straßengabel Mühlberg wie vom Bannwaldsee besteht Linienbusverbindung nach Schwangau und zur TBB-Talstation.

Türkenbund-Lilie (Lilium martagon)

Beim Anblick dieser herrlichen Faltung im Hauptdolomit und den massigen Felsen kann man erahnen, welche gigantischen Kräfte bei der Entstehung der Alpen gewirkt haben und noch wirken. Im Hintergrund erkennt man einen nacheiszeitlichen Bergsturz am Niederen Straußberg.

4. NATURPFAD „Ahornreitweg"
Die kleine Bleckenau-Runde

(bis Bleckenau insgesamt 2 Stunden)
Leichte Bergwanderung ohne Schwierigkeiten
Beschildert und markiert

Von der Bergstation halblinks abwärts auf den Naturpfad „Ahornreitweg" (der Name stammt daher, dass Prinzregent Luitpold hier mit dem Bergreitpferd zum Tegelberghaus zu reiten pflegte). Halblinks die Südhänge des Branderschrofens querend in 20 Min. zum Branderfleck (Sattel mit schöner Aussicht). Hier rechts ab in bequemen Kehren zu Tal, vorbei an der Ahornhütte (Forstdiensthütte), bis die geteerte Bleckenaustraße erreicht ist (ab TBB-Bergstation insgesamt 1 3/4 Std).

Nun 3 Möglichkeiten:

a) Links 10 Min. aufwärts zum Berggasthaus Bleckenau; ab dort Kleinbusverbindung nach Hohenschwangau und zur TBB-Talstalion.

b) Rechts abwärts in 1 Std. nach Hohenschwangau, ab dort Linienbusverbindung zur TBB-Talstation (zu Fuß weitere 30 Min.).

c) Rechts nur 35 Min. abwärts, bis Marienbrücke und Schloss Neuschwanstein auftauchen. Nach 2 Min. große Straßengabel; hier halbrechts zum Schloss hinab. 100 m vor dem Schloss scharf rechts in die Pöllatschlucht hinunter, die bei der Gipsmühle endet. Dort etwa 200 m dem rechten Fahrweg nach, bis in einem Wäldchen halbrechts (auf Tafel achten!) ein Fußweg auf den linksufrigen Pöllatdamm abzweigt. Über den Dammweg zur TBB-Talstation (Gesamtzeit TBB-Bergstation 3 1/2 Std.).

Alpenrose (Rhododendron hirsutum)

Aurikel (Primula auricula)

5. Die große Bleckenaurunde

Leichte Bergwanderung mit viel Aussicht; etwas Ausdauer nötig

Von der Bergstation halblinks über den Naturpfad „Ahornreitweg" durch die Südhänge des Branderschrofens in 20 Minuten zum Branderfleck. Hier geradeaus weiter und über zwei Kehren aufwärts, dann leicht fallende Querung zum Ahornsattel (30 Min. ab Branderfleck). Dort links absteigen und über einen kurzen Zwischenaufstieg in den sanften Boden der Niederstraußbergalm hinab. In der Alm stets etwas rechts halten; besonders bei Nebel auf Markierung und Steinmännchen achten. Jenseits kurzer Anstieg auf den Niederstraußbergsattel (30 Min. ab Ahornsattel). Halblinks weiter auf bequemem Weg über den Köllebach und das Ochsenängerle in 30 Min. zur Jägerhütte (Forstdiensthütte) hinab. Dort rechts auf breitem Fahrweg in 1 Std. in die Bleckenau (Berggasthaus; Kleinbus). Verbindung ab Bleckenau nach Hohenschwangau.

6. Abstieg über Marienbrücke – Neuschwanstein zur Talstation

(insgesamt 3 Stunden)

Bergwanderung mit schönen Tiefblicken in den Schlösserwinkel
Trittsicherheit erforderlich
Beschildert und markiert

Von der Bergstation rechts über das Tegelberghaus (Tafeln) im Zickzack auf einen größeren Sattel hinab (Tafeln); dort links abzweigen. Nun 30 Min. leicht ab- und aufsteigende Querung in der Nordflanke des Tegelberges, bis der Tiefblick auf Hohenschwangau frei wird. In vielen bequemen Serpentinen zur Marienbrücke hinunter (1 3/4. Std. ab TBB-Bergstation) und in 10 Min. zum Schloss Neuschwanstein. 100 m vor dem Schloss scharf rechts in die Pöllatschlucht hinab, die bei der Gipsmühle endet. Dort etwa 200 m dem rechten Fahrweg nach, bis in einem Wäldchen halbrechts (auf Tafel achten!) ein Fußweg auf den linksufrigen Pöllatdamm abzweigt. Über den Dammweg zur TBB-Talstation.

Abstieg über Marienbrücke und Neuschwanstein nach Hohenschwangau

Der Kampf ums Dasein in der rauen Gebirgswelt verlangt von den Pflanzen und Tieren besondere Zähigkeit. Der Bergwald an der Ahornspitze kann den Wetterunbilden widerstehen.

*Kukucks-Lichtnelke
(Lychnis floscuculi)*

*Stengelloser Enzian
(Gentiana clusii)
und Mehlprimel
(Primula farinosa)*

7. Höhenweg: Tegelberg – Vord. Mühlberger Älpele – Buchenbergalm

Aussichtsreiche Höhenwanderung von Bergbahn zu Bergbahn

Beschildert und markiert

Zunächst Abstieg wie „Schutzengelweg" (Wanderung 2) bis zum Rohrkopfsattel. Am unteren Ende beim Rohrkopfsattel befindet sich eine Abzweigung nach rechts zur Drehhütte. Östlich der Drehhütte beginnt der Pfad, der annähernd waagrecht den zum Pechkopf herabziehenden Grat überschreitet und zum Mühlberger Älpele führt. Vom Mühlberger Älpele über den Schwangauer Alpweg und das östlich anschließende Hochmoor zur Reeshütte. Auf dem Knüppeldamm weiter zur Kiesstraße (1 1/4 Std.) und von hier links zur Ebene und zur Buchenbergalm (15 Min. markiert).

Diese leichten Bergtouren möchten Ihnen ein besonderes Erlebnis bieten. Sie wurden von der Tegelbergbahn sorgfältig zusammengestellt. Für die Richtigkeit der Angaben kann jedoch keine Gewähr übernommen werden. Bitte denken Sie daran: Gelungene Bergtouren setzen gutes Schuhwerk voraus und das Wetter im Gebirge ist oft schnellen Wechseln unterworfen.

*Sumpfgladiole
(Gladiolus palustris)*

Schwangau – Dorf der Königsschlösser

GEO*grenz*GÄNGER

WILLKOMMEN AM **GEOgrenzGÄNGER!**

Die Gemeinden Schwangau (D), Pinswang (AUT) und das Walderlebniszentrum Ziegelwies begrüßen Sie recht herzlich auf diesem grenzüberschreitenden Wanderweg.

Der GEOgrenzGÄNGER ist ein 15 km langer Rundweg, der Sie über
Schwangau, vorbei am Walderlebniszentrum Ziegelwies, nach Pinswang/Tirol
und wieder an Ihren Ausgangspunkt führt. Anhand von Erlebnisstationen
erfahren Sie Wissenswertes über die geologischen Besonderheiten entlang
der Wegstrecke.

Im Walderlebniszentrum Ziegelwies wurde eigens ein Ausstellungsraum
errichtet, um die herausragende Geologie dieser Region zu visualisieren.
Durch verschiedene Einstiege und die Variante „Kleiner GEOgrenzGÄNGER"
(5,6 km) können Sie Ihre persönliche Geopfad-Etappe nach eigenem
Ermessen gestalten und erleben.

Der „Kleine GEOgrenzGänger" ist für Familien geeignet und führt vom
Schwansee zum Kalkofen, weiter in Richtung Kalvarienberg und zurück zum
Ausgangspunkt.

Machen Sie sich auf den Weg und entdecken Sie als Geogrenzgänger die
geologischen Besonderheiten der Region.

Der Geopfad „GEOgrenzGÄNGER" ist ein Gemeinschaftsprojekt und wurde
durch Mittel der EU (Interreg IV), der Republik Österreich sowie des
Freistaates Bayern gefördert.

Sie können Ihre Tour auch mit dem Bus „abkürzen" oder zu Ihrem
gewünschten Ausgangspunkt fahren;
Informationen zu den Busverbindungen finden Sie unter www.bahn.de oder
in der Tourist Information.

DIE THEMEN DER TAFELSTANDORTE

– **Der Königliche Steinbruch**

– **Eine majestätische Landschaft**

– **Der Schwangauer Kalkofen**

– **Hammer und Meißel**

– **Die Geburt einer Höhle**

– **Der Lech in Füssen**

– **Erlebnisrastplatz**

– **Der Meteorit Neuschwanstein**

– **So weit bist du gelaufen**

– **Die Rote Wand**

– **Der Füssener Lech**

– **Der „vergessene Bergbau"**

– **Schloss Hohenschwangau
und der Alpsee**

– **Geologische Besonderheiten
am Alpsee**

– **Der Schwanseepark**

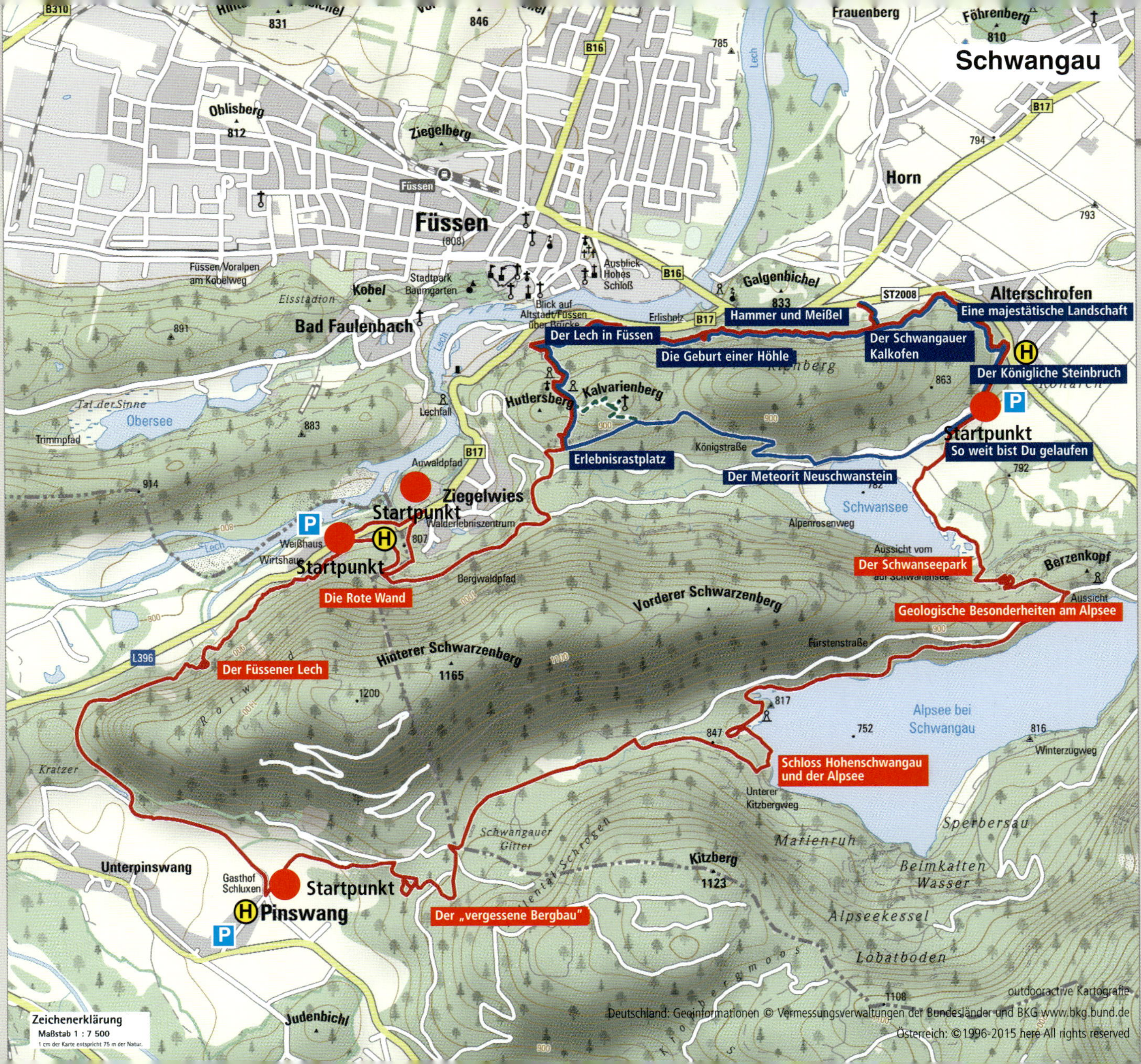

GEOgrenz GÄNGER

Schwangau

Föhrenberg 810

Frauenberg

B310 831

846

785

B16

Oblisberg 812

Ziegelberg

B17

Horn

794

Füssen (808)

793

Füssen/Voralpen am Kobelweg

Kobel

Stadtpark Baumgarten

Ausblick Hohes Schloß

Galgenbichel

ST2008

Alterschrofen

Bad Faulenbach

891

Blick auf Altstadt/Füssen über Straße

B16

833

Hammer und Meißel

Eine majestätische Landschaft

Erlishelz

B17

Der Lech in Füssen

Die Geburt einer Höhle

Der Schwangauer Kalkofen

Rißnberg

863

Der Königliche Steinbruch

H

Tal der Sinne

Obersee

883

Hutlersberg

Kalvarienberg

900

Startpunkt

P

Trimmpfad

914

Auwaldpfad

B17

Erlebnisrastplatz

Königstraße

900

So weit bist Du gelaufen

792

Der Meteorit Neuschwanstein

782

Schwansee

Ziegelwies

807

Startpunkt

Walderlebniszentrum

Weißhaus Wirtshaus

H

Startpunkt

Die Rote Wand

Bergwaldpfad

Alpenrosenweg

Der Schwanseepark

Aussicht vom Schwanensee

Berzenkopf

Geologische Besonderheiten am Alpsee

Aussicht

Vorderer Schwarzenberg

900

L396

Der Füssener Lech

Hinterer Schwarzenberg

1165

1200

Fürstenstraße

817

847

Alpsee bei Schwangau

752

816

Winterzugweg

Kratzer

Schloss Hohenschwangau und der Alpsee

Unterer Kitzbergweg

Sperbersau

Unterpinswang

Gasthof Schluxen

Startpunkt

H Pinswang

P

Schwangauer Gfäder

Kitzberg 1123

Der „vergessene Bergbau"

Marienruh

Alpseekessel

Beimkalten Wasser

Löbatboden

1108

Judenbichl

GEOgrenzGänger

Variante Der kleine GEOgrenzGänger

H Bushaltestelle

P Parkplatz

Zeichenerklärung

Maßstab 1 : 7 500

1 cm der Karte entspricht 75 m in der Natur.

outdooractive Kartografie

151

Die schönsten Wanderwege rund um den Tegelberg in Schwangau

1   Die Königsrunde am Tegelberg
2   Rund um den Alpsee
3   Rund um den Schwansee
4   Runde durch den Kurpark
5   Von Schwangau nach Buching

6   Marienbrückenweg / Gratweg
7   Zur Dreh- und Rohrkopfhütte
8   Schutzengelweg
9   Ahornreitweg
10 Tegelberg-Jägerhütte-Bleckenau

11 Latschenkopf - Schönleitschrofen
12 Schwangauer Rundweg
13 Drei-Schlösser-Weg
14 Kleiner GEOgrenzGÄNGER
15 GEOgrenzGÄNGER

16 Oberer Winterzugweg
17 Säuling - Pilgerschrofen
18 Alpenrosenweg
19 Pöllatschlucht
Alle: **www.schwangau.de/wandern**

Mapdata © 2016 openstreetmap.org and contributors, Tourist Information Schwangau

Alle Wanderwege auf
www.schwangau.de

Die schönsten Loipen rund um die Wintersportarena am Tegelberg in Schwangau

1 Schwangauer Rundloipe
2 Schwanseerunde
3 Rohrach Runde
4 Neuschwansteinrunde
5 Adlerhorst-Loipe
6 Zusatzrunde Bannwaldsee

Alle aktuellen Winterinfos:
www.schwangau.de/winter

Loipen und Skiinfos:
schwangau.de/winter

Mapdata © 2016 openstreetmap.org and contributors, Tourist Information Schwangau

Buchenbergbahn Buching

Ihr Panorama ins Voralpenland

BUCHENBERGBAHN BUCHING
810- 1144 m

Ausgewählte Wanderungen und Bergtouren ab der Bergstation der Buchenbergbahn

Wanderung 8: **Höhenweg Buchenbergalm - Vord. Mühlberger Älpele - Höhenweg Tegelberg**

Aussichtsreiche Höhenwanderung von Bergbahn zu Bergbahn, beschildert und markiert.

Von der Buchenbergalm der Fahrstraße ca. 200 m folgen, dann rechts zum Rundweg Alpe Ebene (ca. 15 Min.). Hier rechts Richtung Reeshütte und über das anschließende Hochmoor auf dem Schwangauer Alpweg zum Vorderen Mühlberger Älpele. Nach einer kurzen Rast auf der Terrasse der Alphütte geht es weiter über den Grat des Pechkopfs zur Drehhütte (ca. 1 1/4 Std.). Von hier gibt es die Möglichkeit, auf der Forststraße Richtung Talstation Tegelbergbahn (ca. 1 Std.) zu laufen oder über die Rohrkopfhütte und den oberen Teil des Schutzengelweges zur Bergstation der Tegelbergbahn (ca. 1 3/4 Std.) Alternativ: 8A Wanderweg über den Schönleitenschrofen (Kletterbereiche).

Wanderung 9: **Oberer Kulturenweg nach Buching**

Von der Bergstation verläuft der Weg fast eben nach rechts, kurz vor dem Aussichtspunkt nach rechts abbiegen und zuerst in Serpentinen abwärts durch den Wald. Weiter verläuft der Weg – mit herrlichen Ausblicken – über freie Wiesen zu einem Stadel (Abzweig Unterer Kulturenweg). Weiter geradeaus zu den ersten Häusern und zurück zur Talstation. Dauer ca. 45 Min.

Wanderung 10: **Bachweg**

Hinter der Bergstation links über einen Grasrücken, der halbrechts unter dem Gipfelkreuz ansetzt. Am Auslauf des Rückens neben einer Hütte über ein kurzes Steilstück ins Bachbett hinunter. Am Bach entlang bis zu einem Wirtschaftsweg, der bis Buching hinabführt und zurück zur Talstation (ca. 45 Min.).

Wanderung 11: **Buchenberg-Leiterau-Wankerfleck-Kenzenhütte**

Ab der Bergstation über den Forstweg bis zum „Ebenen Kreuz", rechts abbiegen und kurz danach links auf den Fußweg durchs Tiefental zur Diensthütte Leiterau. Vorbei an der Leiterau zweigt kurz danach ein kleiner Fußweg rechts ab (in einer Kehre), der wieder auf einen Forstweg führt. Von hier geht es leicht bergab bis zur Bockstallbach-Brücke, dann dem Weg Richtung Wankerfleck am Bockstallbach entlang (Bockstallschlucht) über die Brücke am Bockstallsee folgen. Rechts am Seeufer vorbei und über die freie Alpe bis zur Wankerfleckkapelle. Ab hier folgen Sie der Beschilderung zur Kenzenhütte. Von der Wankerfleck-Kapelle ein kleines Stück zurück über die Brücke und rechts auf einem kleinen Fußweg neben dem Bach aufwärts. Schließlich wieder auf den kräftig steigenden Fahrweg zur Kenzenhütte. Der Pendelbus nimmt Sie entweder von der Kenzenhütte oder vom Wankerfleck zurück nach Halblech (2 1/2 Std.).

Wanderung 12: Familien-Wanderweg Alpe Ebene

Der familiengerechte Rundwanderweg bietet herrliche Natureindrücke entlang malerischer Almwiesen und wunderschöne Ausblicke über den Allgäuer Königswinkel mit seinen Gipfeln, Schlössern und zahlreichen Seen.

Die Buchenberg-Runde ist gut für Familien mit Kindern und für sportliche Kinderwagen geeignet – auch wenn's kurz einmal über ein paar Wurzelstöcke ein bisschen rumpelig wird. Ausgangs- und Zielpunkt des Wanderwegs ist die gemütliche Buchenbergalm. Von hier läuft man auf der Schotterstraße kurz und knackig bergab, den Kinderspielplatz und das Gehege der Bergziegen Kathi und Flocki lässt man dabei rechts liegen. Am Ende der kurzen Steigung zweigt der Weg halbrechts gut beschildert auf einen Wanderpfad durch ein Mischwäldchen ab. Hier geht es ein wenig über Stock und Stein, aber das wird entschädigt durch die Vielfalt des Naturschutzgebietes „Ammergebirge", dem größten Naturschutzgebiet Bayerns, das mit malerischen Bergmischwäldern, eiszeitlichen Mooren und einer vielfältigen Flora und Fauna begeistert. Nach ca. 10 bis 15 Min. erreicht man wieder einen Schotterweg, der über Almwiesen und durch kleine Wäldchen auf der Hochebene sozusagen um den Buchenberg herum führt. Am Wegkreuz hat man nun die Möglichkeit, auf der Fahrstraße ins Tal nach Buching weiterzuwandern (Abstieg ca. 30 Min) oder man läuft nach links weiter wieder Richtung Buchenbergalm (ca. 30 Min). Die auf 1.142 Metern gelegene Berghütte lädt zur verdienten Rast ein. Auf der Terrasse der Buchenbergalm genießt man wunderschöne Ausblicke über Schlösser, Berge und Seen des Königswinkels, während man sich mit einer leckeren bayerischen Brotzeit oder Allgäuer Hüttengerichten stärkt. Die Kinder können sich derweil auf einem angrenzenden Spielplatz nach Herzenslust austoben. Bei guten Wetterverhältnissen starten direkt neben der Alm die Drachen- und Gleitschirmflieger.

Je nach Kondition, Trittsicherheit und ob ein Kinderwagen dabei ist oder nicht – gibt es mehrere Möglichkeiten den Ausgangspunkt des Rundwanderweges zu erreichen. Die gemütlichste Variante ist sicher die Auf- und Abfahrt mit der Doppelsesselbahn Buchenberg. Daneben gibt es noch den Bachweg oder den Kulturenweg, mit Kinderwagen ist die Fahrstraße die beste Option.

Hinweis

Diese leichten Bergtouren möchten Ihnen ein besonderes Erlebnis bieten. Sie wurden von der Tegelbergbahn sorgfältig zusammengestellt. Für die Richtigkeit der Angaben kann jedoch keine Gewähr übernommen werden. Bitte denken Sie daran: Gelungene Bergtouren setzen gutes Schuhwerk voraus und das Wetter im Gebirge ist oft schnellen Wechseln unterworfen.

Breitenbergbahn Pfronten

IHR AUSFLUG INS HOCHGEBIRGE

BREITENBERGBAHN PFRONTEN
840-1677m

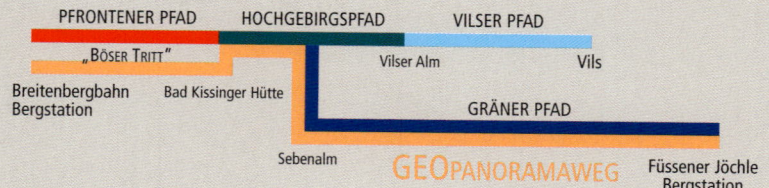

Der GEOpanoramaweg
Breitenberg – Füssener Jöchle

orange gekennzeichnet, verbindet er die Breitenbergbahn-Bergstation mit der Bergstation Füssener Jöchle (Gehzeit 3 1/2 bis 4 Std.); er führt über den „Bösen Tritt" bis zur Bad Kissinger Hütte von dort auf dem Hochgebirgspfad grün bis zur Sebenalm und auf dem Gräner Pfad blau bis zur Bergstation Füssener Jöchle.

Der GEOpfad Pfronten – Vils teilt sich in den Pfrontener Pfad rot (Abkürzung über den „Bösen Tritt" direkt zur Bad Kissinger Hütte), den Hochgebirgspfad grün und den Vilser Pfad hellblau.

Die GEO- und GEOPanorama-Pfade

Das Werden des Gebirges – ein spannender Weg durch die Erdgeschichte.

Wir laden Sie zu einer geologischen Wanderung durch die Erdgeschichte ein. An den verschiedenen Stationen geben Ihnen Infotafeln Auskunft über Geologie, Bergwald, Eis und Wasser – eben „das Werden des Gebirges".

Der GEO-Pfad hat 23 Stationen und ist aufgeteilt in drei Wanderungen:

Wanderung 1 „Pfrontener Pfad" – Station 1-9 ab Bergstation der Breitenbergbahn bis zur Bad Kissinger Hütte

Wanderung 2 „Hochgebirgspfad" – Station 10-17, Bad Kissinger Hütte zur Vilser Alm

Wanderung 3 „Vilser Pfad" – Station 17-23 Vilser Alm Stadtgemeinde Vils (Hammerschmiede)

Die Wanderwege 1, 2 und 3 lassen sich in eine Tagestour packen.

Der gesamte Weg führt von der Bergstation der Breitenbergbahn über die Bad Kissinger Hütte, Sebenalm zur Vilser Alm und weiter in die Stadtgemeinde Vils. Über den Pflanzenpfad erreichen Sie dann die Talstation der Breitenbergbahn.

Wanderung 4 „Gräner Pfad" – der geologische Panoramaweg Breitenberg-Füssener Jöchle – ab Bergstation der Breitenbergbahn entweder über den Aggenstein oder den sogenannten „Bösen Tritt" zur Bad Kissinger Hütte, dann weiter auf dem Tannheimer Höhenweg über die Sebenalpe nach Grän. Eine Variante ist ein Abstecher aufs Brentenjoch mit einem fantastischen Blick über die Allgäuer und Tiroler Voralpen.

Wanderung 5: Hochalp-Rundweg

Der Rundweg startet an der Talstation der Hochalp-Sesselbahn und führt in südlicher Richtung über die saftigen Bergwiesen und sanften Erhebungen der Hochalpe. Am Fuß des Aggenstein verläuft der Weg auf der Skiabfahrt in westlicher Richtung zur

Pfronten

Bustransfer zum Füssener Jöchle

Breitenbergbahn Talstation

Zugtransfer zur Breitenbergbahn

Ostlerhütte

1

Breitenbergbahn Bergstation

PFRONTENER PFAD

Aggenstein

5

Altes Zollhaus

Bustransfer nach Pfronten und Grän

Bad Kissinger Hütte

2

HOCHGEBIRGSPFAD

3

VILSERPFAD

Vilser Alm

GEOPANORAMAWEG BREITENBERG - FÜSSENER JÖCHLE

Sebenalm

GRÄNER PFAD

4

Sonnenbergbahnen Füssner Jöchle Bergstation

Bustransfer zur Breitenbergbahn

Füssener Jöchle Grän

VILS

161

Bergstation der Hochalpbahn. Hier kann man sich entweder gemütlich in die Sesselbahn setzen oder über den gut ausgebauten Forstweg zurück zum Berghaus Allgäu wandern.
Gehzeit: ca. 1 Std.

Aggenstein

An der Bergstation der Hochalpbahn verläuft der Bergwanderweg zunächst nach links, an zwei Gedenkkreuzen vorbei, zum Einstieg in die Aggensteinflanke. Von hier verläuft der Weg im „Langen Strich", einem Schotterweg, der in Serpentinen bis unterhalb des Aggensteingipfels reicht. Das letzte Stück zum Gipfel ist mit Stahlseilen gesichert. (Schwindelfreiheit und Trittsicherheit Voraussetzung).
Gehzeit ca. 1 1/2 Std.

Weg zur Ostler-Hütte

Von der Bergstation der Hochalpbahn geht es auf einem ausgebauten Bergwanderweg hinauf zum Breitenberggipfel (1838 m). Belohnung des ca. 30-minütigen Aufstiegs ist ein faszinierender Blick in die Allgäuer, Tiroler und Schweizer Bergwelt von der Terrasse der Ostler-Hütte.

Abstieg zur Fallmühle

Von der Bergstation der Hochalpbahn zunächst zur Ostlerhütte auf den Breitenberggipfel. Von dort folgt der Weg dem Gratverlauf nach Westen abwärts. Auf ca. 1400 m Höhe verlässt der Weg den Grat und führt auf Serpentinen nordwestlich durch den Wald hinab ins Tal der Steinacher Ach zum Gasthaus Fallmühle (Gehzeit ca. 2 1/2 bis 3 Std.) Zurück zur Talstation der Breitenbergbahn geht es im eben verlaufenden Gelände oder per Bus. Eine Variante ist der Abstieg über den **Ostler-Forstweg** zur Fallmühle, ca. 6,5 km ab der Bergstation der Hochalpbahn.

Hochalp-Forstweg (Alpsteig)

Ab der Talstation der Breitenbergbahn führt der Forstweg zunächst über grüne Wiesen zum Fuß des Breitenbergs und dann in Serpentinen unterhalb der Breitenberg-Kabinenbahn zur Bergstation. Wer nicht gerne auf einer Forststraße geht, kann auf der halben Wegstrecke den Abzweig zum Alpsteig nehmen, einem Bergwanderpfad, der ebenfalls direkt zum Berghaus Allgäu und zur Bergstation führt.

Gehzeit ca. 1 1/2 Std. (Alpsteig) bis 2 Std. Hochalp-Forstweg

Durch die Reichenbachklamm auf den Breitenberg

Von der Talstation der Breitenbergbahn führt ein Feldweg in süd-
östlicher Richtung zum Einstieg in die Klamm (Wegweiser).
Der wildromantische Bergpfad führt am Reichenbach entlang,
der sich in zahlreichen Wasserfällen seinen Weg ins Tal sucht. Der
Bergpfad mündet in den Hochalp-Forstweg und führt von dort
weiter Richtung Bergstation oder zum Aggenstein und zur Bad
Kissinger Hütte. Gehzeit bis Bergstation ca. 2 Std.

Der Weg durch die Reichenbachklamm ist teilweise mit Holzste-
gen und Drahtseilen gesichert, trotzdem sollten unerfahrene
Wanderer den Aufstieg durch die Klamm nur bei trockener
Witterung wählen.

Wichtige Informationen

Tegelberg-Kabinenbahn

Sommerrodelbahn

Bistro Ikarus

Tegelberg
Panorama-
gaststätte

Tegelbergbahn Schwangau
830-1.730 m
Telefon 0 83 62/98 36-0 · Fax 98 36-20 · www.tegelbergbahn.de

Das Team der Tegelbergbahn begrüßt Sie in einer der schönsten Landschaften am Alpenrand. Wir wollen Ihr Begleiter sein, um Ihren Urlaub im Sommer und Winter erholsam und erlebnisreich zu gestalten. Wir bieten Ihnen Glanzlichter der Kultur, Schönheiten der Natur und sportliche Freizeitaktivitäten.

Eine moderne Kabinenbahn bringt Sie täglich bei guter Witterung von 9.00 bis 17.00 Uhr in wenigen Minuten ins Naturschutzgebiet „Ammergebirge". Die Sommerrodelbahn lädt bei guter Witterung täglich von 10.00 bis 17.00 Uhr zum zünftigen Rodeln ein. Unterhalb des Bergsportzentrums mit Kletterfelsen und Slackline-Anlage liegt der attraktive und abwechslungsreiche Kinderspielplatz mit Scooterbahn, Kinderseilbahn und vielem mehr.

Im Winter sind die Anlagen der Tegelbergbahn Anziehungspunkt für die ganze Familie: 4 Schlepplifte und die Kabinenbahn bieten für Skianfänger, Fortgeschrittene und Könner schneesichere, gepflegte Pisten und ein ausgedehntes Loipennetz.

Bistro Ikarus · Telefon 0 83 62/8 17 91 · www.bistro-ikarus.de

Eine gute Alternative zum Biergarten an der Sommerrodelbahn ist das an der Schlossseite gelegene „Bistro Ikarus".

Bestens geeignet als Ziel für Wanderungen oder Radltouren.
Das Bistro kann auch für Familien-, Vereins- oder Firmenfeiern gebucht werden.

Panorama-Restaurant · Lisa's Alpentraum · Telefon 0 83 62/93 04 31
www.panoramagaststaette.de

Das junge, engagierte Team um Wirtin Lisa Hotter heißt Sie auf 1.730 m Höhe herzlich willkommen. Genießen Sie das spektakuläre Panorama auf der Sonnenterrasse bei einem kühlen Getränk oder bei einer Portion Allgäuer Kässpatzen im gemütlichen Marktrestaurant.

Berggaststätte Tegelberghaus - „Ehemaliges königliches Jagdhaus"
Telefon 08362/8980, Fax 08362/88265 · www.tegelberghaus.de
König Max II. ließ an diesem herrlichen Platz ein königliches Jagdhaus erbauen. Hier residierte auch König Ludwig II. jährlich für mehrere Tage. Genießen Sie auf der Sonnenterrasse das wunderbare Bergpanorama und die bürgerliche Küche. Mit Übernachtungsmöglichkeiten, bei gutem Wetter täglich geöffnet.

Tegelberghaus

Rohrkopfhütte · Telefon 08362/8309 · www.rohrkopfhuette.com
Auf halbem Weg zwischen Tal- und Bergstation der Tegelbergbahn gelegen, ist die Hütte über den familienfreundlichen „Schutzengelweg" in ca. 1 1/2 Std. zu erreichen. Bei einer Brotzeit auf der Sonnenterrasse mit Blick über das Allgäuer Voralpenland kann man loslassen und einfach nur genießen.

Rohrkopfhütte

Drehhütte · Telefon 08362/9303633 · www.drehhuette.de
Die Drehhütte liegt auf 1.250 Meter Höhe zwischen Tegelberg und Schönleitenschrofen im Ammergebirge mit Blick auf Bannwaldsee und Forggensee. Neben herzhaften Allgäuer Schmankerln bietet Hüttenwirt Hubert Winkler als gebürtiger Südtiroler auch Spezialitäten aus seiner Heimat an.

Drehhütte

Berggaststätte Bleckenau · Telefon 08362/81181 · www.berggasthaus-bleckenau.de
Hinter dem Märchenschloss Neuschwanstein liegt die ehemalige Jagdhütte von König Ludwig II. in herrlicher Landschaft. Eine schöne Tour verläuft von der Tegelberg-Bergstation auf dem Naturpfad „Ahornreitweg" oder – wer ein bisschen länger unterwegs sein will – über die Jägerhütte zur Bleckenau. Auf der sonnigen Terrasse schmeckt ein kühles Bier, eine deftige Brotzeit oder eine kleine warme Mahlzeit nochmal so gut und für den Rest des Weges ins Tal gibt es im Sommer auch eine Busverbindung.

Berggaststätte Bleckenau

Buchenberg-Buchenbergalm · 08368/940763 · www.buchenberg-alm.de
Doppelsesselbahn Buching · 08368/91250
Die Buchenbergalm, direkt neben der Bergstation der Doppelsesselbahn Buching auf einem Aussichtsplateau in 1.140 m Höhe gelegen, bietet einen grandiosen Ausblick auf die umliegenden Schlösser, Berge und Seen (13-Seen-Blick). Gemütliche Stuben zum Verweilen, eine herzhafte Küche und selbstgemachte Kuchen zum Genießen machen den Ausflug auf den Buchenberg zum besonderen Erlebnis.
Erreichbar auf verschiedenen Wegen, z.B. Bachweg, Forstweg, Kulturenweg oder Schwellen-Grabenweg oder mit der Sesselbahn Buching.

Buchenbergalm

Museum der bayerischen Könige · 08362/887 250 · www.museumderbayerischenkoenige.de
Seit September 2011 beherbergt das einstige Grandhotel Alpenrose das Museum der bayerischen Könige. Moderne Museumstechnologie und Originalexponate entführen Sie auf über 1000 m² in die Geschichte einer der ältesten Dynastien Europas.

Museum der bayerischen Könige

„Lechkiesel erzählen eine geologische Heimat-geschichte."
Unter dieses Motto stellte ich im Jahr 2007 mein Buch „Der Lech im Gebirge". Die Startauflage war schnell vergriffen. Die Leser freuten sich, das Werden dieser „grenzüberschreitenden" Fluss-landschaft aus einem ungewöhnlichen Blickwinkel zu erleben. Viele Anfragen nach einem Neudruck wurden an mich herangetragen. Dem ist der Bauer-Verlag gerne nachgekommen.

Die geologischen Prozesse bilden die Grundlage dieser verzweigten Wildfluss-landschaft zwischen den gewaltigen Bergen der Allgäuer und Lechtaler Alpen. Mit der geografisch-geologischen Brille wollen wir in dieser aktualisierten Ausgabe die wunderbaren Zusammenhänge zwischen Geologie, Pflanzen, Tieren und Menschen an einem der letzten Wildflüsse in Europa betrachten.

Wir arbeiten zur Zeit an einem zweiten Teil: Ein geologisches Bilderbuch wird den vorliegenden Band ergänzen. Der Lech ist ein besonderer Fluss. Seit der Steinzeit leben Menschen am und mit dem Lech und gestalten diese Fluss-landschaft. Die Besiedlung und die Wirtschaft hängen eng mit den geologi-schen Besonderheiten zusammen: der Holzreichtum, die Bodenschätze, die Landwirtschaft, der Tourismus, die Hochwässer oder die Lawinengefahren.

In diesem neuen Buchprojekt werden viele geologische Besonderheiten die Leser dazu anregen, den Lech im Gebirge aus verschiedenen Blickwinkeln zu erleben und die Menschen zu verstehen, die hier seit Jahrhunderten am und mit dem Fluss leben und ihren Lebensraum gestalten. Freuen Sie sich schon jetzt auf atemberaubende Bilder und spannende Geschichten.

Der Autor:
Peter Nasemann, geboren in Füssen – direkt am Lech in Bayern –, war Gymnasiallehrer für Geografie und Sport. Der Lech ist seit der Kindheit sein ständiger Begleiter. Zahlreiche Bücher, Veröffentlichungen und Vorträge des Autors beschäftigen sich mit geografischen und geologischen Themen im Allgäu und im Außerfern.

Der Lech im Gebirge
168 Seiten
Format: 21,0 x 28,0 cm
ISBN 978-3-95551-009-1
www.verlag-bauer.de

DER LECH
IM GEBIRGE

*Lechkiesel erzählen
eine geologische Heimatgeschichte*

1

Peter Nasemann

Der Forggensee
96 Seiten
Format: 14,8 x 21,0 cm
Tourist Information Schwangau
www.schwangau.de

GEOPfad Pfronten - Vils - Grän
112 Seiten
Format: 14,8 x 21,0 cm
ISBN 978-3-95551-003-9
www.verlag-bauer.de

Der Blick vom Tegelberg nach Norden auf das Alpenvorland

➤ Breitenbergbahn
Pfronten

➤ Wildflusslandschaft
Lech

➤ Der Schwanseepark